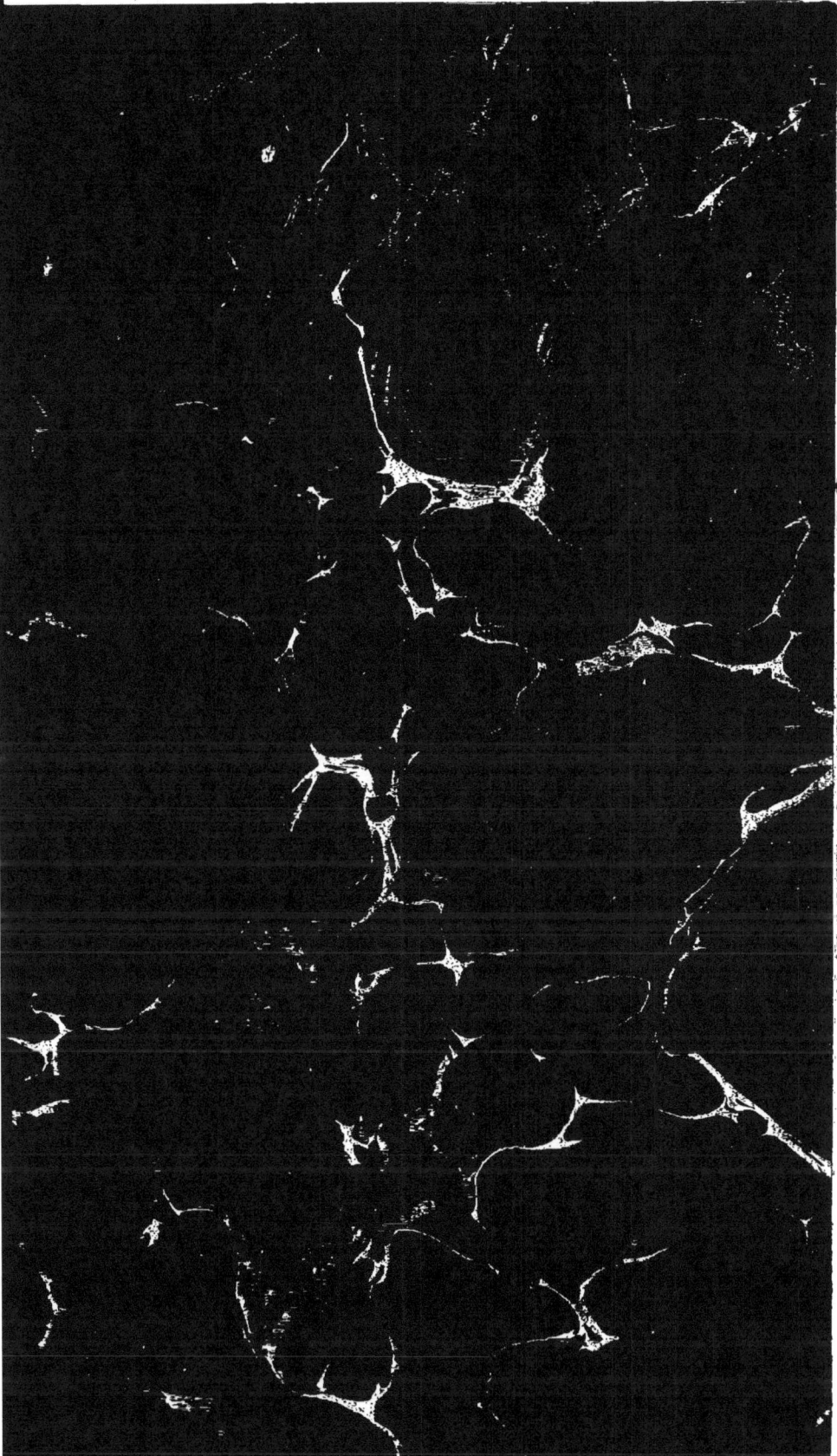

Lk 7 1075

ALBUM
DU VOYAGEUR
A BORDEAUX.

ON TROUVE CHEZ L'ÉDITEUR,

GALERIE BORDELAISE, 9, 11 et 13,

Un atelier de Gravure sur Métaux en tous genres;

IMPRIMERIE
EN TAILLE-DOUCE ET LITHOGRAPHIE.

On y trouve également des Gravures anglaises, par souscription et par volume, de différens sujets et de divers auteurs. L'Itinéraire pittoresque d'Angleterre, en 3 volumes, est complet, ainsi que celui de l'Inde, de la Chine et des bords de la Mer Rouge. L'Itinéraire de la Syrie, de la Terre Sainte et de l'Asie mineure; celui de l'Italie, de la France et de la Suisse et les Illustrations de Walter Scott.

La Galerie des Gravures anglaises, en 4 volumes, lesquels ont paru en 72 livraisons, est complet.

L'Écrin; les Femmes de lord Byron; les Rivières de France, l'Andalousie, la Biscaye et la Grenade, et plusieurs autres ouvrages, le tout d'une beauté remarquable et d'une très-riche reliure, pour être donnés en cadeaux et étrennes; l'Empire Ottoman illustré; Constantinople ancienne et moderne, contenant aussi les sept églises, première livraison parue; il y en aura 48, à 1 fr. 25 c.

On y trouve de plus, des portefeuilles de toutes dimensions et de toutes qualités; des Pupitres de toute espèce; des Buvards très-riches et ordinaires, et généralement tous les articles de bureau; Gravures, Estampes, Lithographies; les Portraits des Rois et Reines de France jusqu'à nos jours; des Contemporains, etc.

Garnitures gothiques pour cheminée, dans un genre tout nouveau; Cadres estampés très-élégans, et divers objets dans ce genre.

Assortiment de couleurs en tablettes et toutes sortes de plumes métalliques.

Souscriptions à la Galerie Numismatique pour les médailles des Rois de France.

Album
DU
VOYAGEUR
A BORDEAUX,

Contenant

LES VUES ET MONUMENS LES PLUS REMARQUABLES DE LA VILLE, AVEC UN TEXTE EXPLICATIF.

Bordeaux.
J. B. CONSTANT, GRAVEUR, IMPRIMEUR LITHOGRAPHE,
ÉDITEUR,
GALERIE BORDELAISE, 9, 11 ET 13.

Imprimerie de A. PECHADE, rue Sainte-Catherine, 18.

AVANT-PROPOS.

Bordeaux est une ville riche en monumens antiques et en édifices modernes : nos églises nombreuses, dont quelques-unes remontent à des dates fort reculées, offrent tous les types de l'art chrétien; notre pont est un de plus hardis qu'on ait osé jeter sur un fleuve ; nul théâtre en France ne saurait être comparé au nôtre, et le vaste panorama de nos quais et de notre rade est un des plus magnifiques points de vue de l'Europe; enfin, par ses édifices publics, par ses riches et luxueux hôtels privés, par ses rues larges et bien percées, par ses promenades spacieuses que fréquente une population brillante, la ville de Bordeaux, belle de ses monumens, de sa situation topographique, de son climat, est, parmi nos cités du midi, celle qui excite au plus au degré la curiosité du voyageur et de l'artiste.

Il n'existait pas jusqu'ici de manuel spécial à l'usage de ceux qui veulent connaître les richesses monumentales de Bordeaux ; et nous avons cru utile de renfermer dans un ouvrage de peu d'étendue, mais complet, tout ce que notre ville possède en édifices curieux, sous le rapport artistique, en établissemens intéressans, sous le rapport scientifique, industriel ou commercial. Cent dessins lithographiés

AVANT-PROPOS.

donnent une idée de tous les monumens et des points de vue remarquables que peut présenter notre cité, et un texte fournit sur l'histoire et la destination de chaque édifice les détails les plus importans.

Ainsi nous offrons dans ce travail un guide sûr au voyageur qui visitera nos murs, et un *memento* fidèle qui réveillera toujours en lui les souvenirs de notre ville; nous offrons à nos concitoyens un tableau varié, une page succincte, qui résume l'existence de Bordeaux dans ses phases diverses et ses développemens successifs.

Il est facile de classer dans un ordre chronologique et par périodes distinctes les monumens dont nous parlons dans cet ouvrage.

Nous n'avons de l'époque romaine que les ruines du Palais Gallien et divers fragmens recueillis au Musée des antiques.

Le portail et la tour de Ste-Croix et plusieurs parties de St-Seurin appartiennent à l'architecture chrétienne, à plein cintre, nommée romane par quelques archéologues.

St-André, St-Michel, plusieurs autres de nos églises et la tour de l'Hôtel-de-Ville sont du style ogival ou gothique, qui a régné du 12.e au 16.e siècle.

La porte du Palais marque la transition du

AVANT-PROPOS.

genre gothique à celui de la renaissance. C'est à ce dernier que se rattachent le porche de S.t-Seurin, la maison de la rue des Bahutiers, l'autel de S.t-Joseph, dans l'église S.t-Michel, et l'église S.t-Bruno.

Louis XIV abattit nos piliers de Tutelle, et ne nous dota que d'une citadelle destinée à battre en brèche la ville. En revanche, le 18.me siècle nous a prodigué de nombreux édifices. Les uns, tels que la Bourse, la Douane, la façade du port, les portes des Salinières, de la Monnaie, des Capucins, S.t-Julien et Dijeaux, sont dûs au génie de M. de Tourny ; tandis que le Grand-Théâtre et les beaux hôtels de la place de la Comédie et du Chapeau-Rouge, le palais Archiépiscopal (aujourd'hui l'Hôtel-de-Ville) ont été bâtis dans un goût différent.

Enfin le 19.me siècle n'est pas demeuré improductif pour notre ville : les Bains, l'Hôpital, l'Abattoir, le Pont terminent dignement la série de nos édifices.

Si nous n'avons pas suivi dans cet ouvrage un ordre aussi méthodique, c'est que nous avons pensé qu'il convenait mieux de laisser à notre Album cette allure capricieuse que l'artiste et le curieux préfèrent toujours dans leurs excursions.

ALBUM

DU

VOYAGEUR

A BORDEAUX.

Le Pont de Bordeaux.

On admire, en traversant notre Pont, ce large fleuve replié sur lui-même et bordé d'une longue suite d'édifices que le temps a noircis, et de maisons modernes aux blanches et riantes façades. La Garonne, à l'endroit où s'élève le Pont, présente à l'œil deux aspects d'une opposition bien tranchée : d'abord, c'est le fleuve libre dans son cours, parcourant les belles campagnes qu'il fertilise, reflétant l'azur du ciel et les riches coteaux qui couronnent ses bords; puis, quand il a passé sous le Pont, quand il a subi ce joug de pierre, l'industrie l'envahit tout entier; il se fait port de mer et se peuple de navires de toute grandeur, de toute nation; c'est une forêt de mâts et de cordages où flottent les signaux et les pavillons, où les voiles dorment repliées et oisives; la Garonne elle-même a disparu, elle ne se montre plus qu'à de rares intervalles.

Ce contraste n'existait pas jadis, notre rade s'étendait devant la ville entière et tandis que les forts navires, ceux qui vont visiter les Antilles et les Indes, s'ancraient en vue des maisons de leurs armateurs, les barques de la Normandie et de la Bretagne remontaient pour échanger contre nos vins les productions de ces provinces. Plus haut encore, à l'horizon, on apercevait du temps de l'empire, quelques gros navires anglais, russes, prussiens, que l'*embargo* tenait enchaînés au rivage, prisonniers démâtés qui restaient comme représailles bien insuffisantes des pertes de notre marine.

Entre ces deux parties de la rade, les grands et les petits navires, était un espace libre : là passaient et repassaient sans cesse de lourdes *gabarres* qui, s'aidant de la rame et de la voile, s'efforçaient de lier une voie européenne, brisée par le cours d'un fleuve, la route de Paris à Madrid.

Bien des plans pour unir les deux rives de la Garonne avaient été présentés et rejetés comme impraticables. L'œuvre était déclarée impossible lorsqu'en, 1808, Napoléon passa par Bordeaux; il se rendait en Espagne, dont il voulait faire un nouveau royaume vassal de sa couronne impériale. Le conquérant demeura quelques instans l'œil fixé sur le fleuve, que ses régimens d'infanterie et de cavalerie, que ses lourds canons traversaient avec tant de lenteur; puis il dit : « Il faut un pont là ». Dès lors l'impossibilité s'évanouit; du glaive de sa volonté, Bonaparte avait tranché le nœud gordien.

Les projets se succédèrent. On voulut d'abord établir un pont sur des bateaux; on songea en 1811 à poser un pont de bois sur des piles en maçonnerie; dès cette année les travaux furent commencés; plus tard il fut résolu que les arches seraient en fer et le plan définitif ne fut arrêté qu'en 1819.

Les travaux ont langui pendant dix ans; mais enfin, une compagnie devint cessionnaire de l'entreprise : dès lors régna la plus grande activité, et en septembre 1821, le passage du Pont fut livré au public.

M. Charles Deschamps a, comme ingénieur, attaché son nom à ce monument.

Malgré de si nombreuses hésitations, cette œuvre immense ne présente rien d'incomplet, rien de heurté; établi par un travail prodigieux sur les vases mobiles de la Garonne, battu chaque jour en sens inverse par la violence du flux et du reflux, le Pont de Bordeaux, hardi, élégant, solide, est une interprétation digne et large de la volonté de Napoléon.

DIMENSIONS DU PONT DE BORDEAUX.

Longueur............................	486^m.	68^c.
Largeur de chaque trottoir..........	2	50
Largeur de la chaussée..............	9	86
Largeur totale du Pont..............	14	86

Le Pont a dix-sept arches qui reposent sur seize piles et deux culées; les sept arches du milieu sont égales; en se rapprochant des extrémités, les autres présentent une progression décroissante. A partir de la cinquième arche, le plan de la chaussée est légèrement incliné vers les deux rives. Par une heureuse innovation, on a pratiqué dans l'intérieur du Pont, une multitude de galeries qui rendent l'édifice plus léger, qui donnent aux gens de l'art la facilité d'en surveiller toutes les parties, et permettraient de réparer les points endommagés sans interrompre la circulation. Les deux galeries qui règnent sous les trottoirs sont régulières et continues; on peut en les suivant traverser le Pont dans toute sa longueur.

Porte Bourgogne, Porte de la Monnaie, Porte des Capucins.

La construction de ces trois portes, placées sur les anciennes limites de la ville, date de la fameuse administration de M. de Tourny, pendant laquelle Bordeaux vit s'élever la plus part de ses embellissemens modernes.

Les anciennes portes étaient toutes des ouvrages de fortification. Flanquées de tourelles, accompagnées de défenses avancées, pourvues de pont-levis, elles protégeaient l'entrée de la ville. A l'époque féodale, lorsque chaque localité avait ses priviléges particuliers, les villes avaient besoin d'être toujours sur le pied de guerre pour défendre leurs franchises contre le pouvoir des seigneurs féodaux, ou contre l'envahissement de l'autorité royale. Entre toutes les municipalités de la France, Bordeaux se montra toujours attaché à ses priviléges et résista longtemps, avec une courageuse énergie, à la puissance des rois qui constituait l'unité nationale par l'absolutisme. Depuis que la ville, arrachée à la possession de l'Angleterre, avait été incorporée au royaume de France avec le pays bordelais, plus d'une fois le peuple s'était soulevé pour refuser les impôts établis par le gouvernement central, et avait massacré, sans merci, les employés de la gabelle. A chaque émeute, le gouvernement imposait la ville à de fortes amendes et lui retirait ses priviléges, qu'elle était obligée de racheter par des sommes considérables. Le soulèvement de 1675 est un des plus mémorables que contiennent nos annales, car ce fut le dernier acte de rebellion qu'opposa la ville au pouvoir. Les guerres que soutenait Louis xiv contre une partie de l'Europe, l'avait obligé d'augmenter certains impôts. Le droit de marque sur l'étain et le droit sur le papier timbré venaient d'être étendus. Le peuple de Bordeaux s'ameuta. Le 26 mars 1675, des femmes avec des couteaux et des pierres, partent du grand marché et se dirigent vers la rue du Loup, criant : *aux gabeleurs.* déjà un attroupement nombreux s'était formé dans cette rue, vis-à-vis la boutique d'un potier, chez qui les commis du fisc apposaient la marque d'étain. Quelques harengères les poursuivent à coups de pierres et les obligent à se réfugier dans des maisons de la rue Arnaud-Miqueu. Le lendemain, le peuple armé de bâtons parcourait la ville en criant : *vive le roi sans gabelle.* Les révoltés, qui s'étaient emparés de la porte Sainte-Croix, sonnèrent le tocsin aux églises et au clocher de Saint-Michel, et attirèrent dans la ville les paysans des environs. En vain les jurats voulurent user de leur influence pour engager les séditieux à rentrer dans le devoir, ils répondirent net qu'ils avaient formé le dessein d'assommer les traitans et commis ; le conseiller Tarneau, qui leur parlait avec le plus de fermeté, reçut un coup de mousquet « dont il tomba raide mort sur la place. » Enfin les révoltés, cantonnés au nombre de quatre ou cinq mille dans les cimetières de Sainte-Croix et de Saint-Michel, pouvaient aisément se rendre maîtres de la ville, lorsqu'ils firent savoir qu'ils étaient prêts à déposer les armes, pourvu qu'on leur donnât amnistie, et que le parlement rendit un arrêt portant défense de lever le nouvel impôt ; sinon, ils menaçaient de mettre le feu au palais de justice et de livrer la ville au pillage. Il fallut bien accepter leurs propositions, et le 16 avril 1675, il fut enregistré au parlement de Bordeaux, une déclaration royale accordant amnistie complète, et restituant tous ceux qui avaient adhéré à la sédition, en leur bonne fâme et renommée.

Mais la ville ne jouit pas d'une longue tranquilité; au bout de quatre mois les troubles recommencèrent. La première sédition avait eu lieu à l'occasion de l'impôt sur la marque d'étain; cette fois ce fut à l'occasion de l'impôt sur le papier timbré. Le peuple craignait toujours qu'on ne vînt à rétablir ces nouveaux impôts et le 19 juin, on trouva affiché à la porte de l'hôtel de ville un placard ainsi conçu : *Nous savons que l'intendant a rendu une ordonnance pour rétablir le papier timbré; nous n'attendons que cela pour tuer et brûler les jurats qui prêtent la main à cette tyrannie, et même le maréchal d'Albret et ses adhérens*, signé: LES ENFANS PERDUS. Un crocheteur et un porteur de chaise, jugés coupables de ce méfait, furent envoyés aux galères.

Le 16 août, le peuple ayant saisi des ballots de papier timbré qu'on embarquait pour Bergerac, vit qu'on songeait à lui faire subir les impôts dont il avait obtenu la suspension. Malgré les efforts des jurats, les ballots furent éventrés, les papiers mis en pièces et le bateau qui devait les porter, livré aux flammes. Le peuple se rallia encore dans les quartiers de Saint-Michel et de Sainte-Croix, centres ordinaires des séditions; mais cette fois il fut vaincu et contraint de demander grâce; elle lui fut accordée à condition qu'il livrât lui même les moteurs de la révolte. Douze hommes et une femme furent condamnés à mort, trois des séditieux furent brûlés vifs sur la place de Canteloup, les neuf autres et la femme furent pendus. On coupa la tête de l'un des condamnés et on la substitua à celle du fameux Ormiste Dureteste, qu'on voyait encore plantée au bout d'un poteau, sur une ancienne tour de la plate-forme de Sainte-Eulalie. [1]

Mais le gouverneur ne se crut point encore satisfait dans sa vengeance. Quelques mois après, dix-huit régimens qui revenaient de l'armée d'Espagne, entrèrent

---

[1] La tête de l'Omiste fut jetée dans les fossés de la ville.

dans la ville ; Bordeaux leur fut livré comme une ville conquise et abandonnée aux excès d'une soldatesque sans frein, qui se dédommage des privations de la guerre ; exactions, violemens, vols, meurtres, incendies et pillage, tout leur fut permis et les Bordelais furent traités par ces garnissaires en ennemis de l'État. — Tous les habitans furent obligés de déposer leurs armes à l'Hôtel de Ville. — Les droits sur le papier timbré, sur le contrôle des actes et la marque de l'étain furent rétablis. — Par une déclaration royale, le parlement eut ordre de se transporter à Condom et la cour des aides à Libourne. — La ville de Bordeaux perdit ses exemptions des droits de convoi, de comptablie, de grande et petite coûtume et fut « imposée à 15,000 livres pour le taillon et à pareille somme pour la subsistance, au lieu de 6,000 et de 2,000 qu'elle payait précédemment pour ces deux objets. » — Les cloches de Sainte-Croix, de Saint-Michel et de Sainte-Eulalie, qui avaient servi à sonner le tocsin, furent transportées au Château-Trompette ; il y eut même un ordre du roi qui prescrivit la démolition du clocher Saint-Michel ; mais il ne se trouva aucun habitant qui voulut déshonorer son pays par l'exécution de cet ordre flétrissant. — Enfin, la porte Saint-Germain et la porte Sainte-Croix dont les révoltés s'étaient emparés pendant la sédition, et cinq cents toises des murs de la ville qui joignaient ces deux portes, furent démolies en vertu d'une ordonnance du gouverneur, rendue le 22 novembre 1675.

Ainsi, Bordeaux est vaincu par le pouvoir royal. Les citoyens désarmés, les fortifications détruites, toute garantie d'indépendance lui est arrachée et la ville municipale jadis si forte de ses priviléges, si fière de ses libertés, a passé sous le joug de l'autorité centrale. La cité guerrière du moyen âge a disparu pour faire place à la ville nouvelle, toute entière livrée à l'industrie et au commerce. « La rue de la Rousselle est encore le centre de la riche Bourgeoisie ; mais le commerce est sur le point de subir la révolution à la suite de laquelle vont s'élever les quartiers du Chapeau-Rouge et des Chartrons. »[1] Un homme à qui les Bordelais ont voué une éternelle reconnaissance, un administrateur au coup d'œil profond, à l'exécution rapide, M. de Tourny, a plus que personne contribué à cette transformation de notre cité. Il avait compris les besoins nouveaux qui commençaient à se produire, il sut les satisfaire avec la puissance du génie organisateur.

Dans la position où se trouvait Bordeaux, lorsque cet illustre intendant fut appelé au gouvernement de la Guienne, il n'était plus utile de défendre l'entrée de la ville par des fortifications ; le développement de la vie commerciale et pacifique avait créé d'autres nécessités ; à cette époque les murs de clôture, dans leur circuit d'une lieue, étaient percés d'issues étroites dont le nombre n'était plus en proportion avec les besoins d'une population active et nombreuse ; M. de Tourny fit pratiquer d'autres entrées partout où le commerce exigeait des communications plus promptes, et remplaça les portes fortifiées, pour la plus part à demi détruites ou démantelées par des portes nouvelles qui n'avaient d'autre but que de faciliter la circulation générale et la perception des impôts. Ces nouvelles constructions, œuvres d'utilité publique, sont d'une architecture fort simple et d'un assez bon style.

La Porte des Capucins fut ouverte en 1744, pour faciliter les relations entre les quartiers populeux qui l'avoisinent et les faubourgs de Paludatte et de Sainte-Croix. C'est la première porte de ville qui fut ajoutée à celle qui subsistaient déjà; le peuple l'avait appelée *la Porte Neuve*, et ce nom lui est resté, quoiqu'on lui eût imposé celui de

---

[1] M. Chaigne. Voir sur ce sujet un travail remarquable inséré dans la *Gironde* de 1833.

Porte des Capucins, à cause d'un couvent de cet ordre qui se trouvait dans le voisinage.

Un marché au bétail a été établi sur le vaste emplacement qui se trouve à l'extérieur de la porte. C'est encore à M. de Tourny qu'on doit cet établissement d'utilité générale.

La Porte de la Monnaie sur le quai de Paludatte, a pris ce nom de l'ancien Hôtel des Monnaies, situé non loin de là.

La Porte Bourgogne, qui a été construite en 1751, pour remplacer l'ancienne *Porte des Salinières*, est aussi connue parmis le peuple sous cette dernière dénomination. Ce fut à l'occasion de la naissance du Duc de Bourgogne qu'on lui donna le nom de ce prince, ainsi qu'à la partie des fossés qui vient y aboutir. En 1807, elle fut transformée en arc de triomphe par la suppression des guichets latéraux et consacrée par la ville à l'Empereur, sous le nom d'*Arc-Napoléon*.

Le Grand-Séminaire.

L'ANCIEN couvent des Capucins, plus favorisé par le sort que tant d'autres monumens religieux, n'a pas eu à subir, en perdant ses pieux habitans, une destination irréligieuse ou profane. Les murs qui ont entendu les chants des reclus voués au culte du Seigneur, entendent aujourd'hui les prières d'une jeunesse fervente qui se prépare à l'exercice des fonctions sacerdotales : le séminaire a remplacé le couvent.

Il y a à Bordeaux un grand et un petit séminaires. Le dernier de ces établissemens, ouvert aux enfans que l'on destine à l'état écclésiastique, n'est autre chose qu'un collége dirigé par des prêtres catholiques, où les études sont à peu près semblables à celles des colléges universitaires; seulement il n'a point de chaire de philosophie. Les jeunes gens dont la vocation s'est nettement prononcée, passent de là au Grand-Séminaire où on leur enseigne la physique, la philosophie, la théologie et toutes les sciences morales qui conviennent au saint ministère qu'ils vont embrasser.

L'édifice qui a dû, pour sa nouvelle destination, être modifié et augmenté, n'offre rien de remarquable que sa simplicité religieuse.

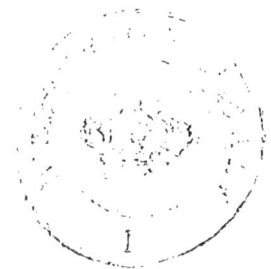

L'Église et le Clocher Saint-Michel.

L'Eglise fut construite dans le XIIme siècle. Seule parmi les monumens religieux de notre ville, elle présente un grand caractère d'unité; on n'y a depuis ajouté que des détails secondaires. Saint-Michel, comme la plus part des églises a la forme d'une croix ; mais les hauts triangles, accompagnés de deux clochetons aigus, qui surmontent les trois portes et le chœur, rendent cette forme plus saillante, vu de loin, du pont ou des coteaux de la rive gauche, l'édifice offre un aspect imposant, qui de près est masqué par des bâtimens informes.

L'architecture de Saint-Michel est élégante, simple, symétrique, mais inférieure à celle de notre cathédrale; la perfection du style ogival ne consiste pas dans la simplicité et la symétrie; cette architecture qui avait pour mission de traduire la pensée chrétienne, peut se présenter régulière dans l'ensemble; mais, multiple et variée par ses détails, elle doit laisser dans l'ame une impression de vague et d'infini; Saint-Michel est un monument plus complet; Saint-André est l'œuvre d'un art supérieur.

L'Eglise présente plusieurs détails intéressans, entre autres, un autel sculpté dans le goût de la renaissance ; une chapelle renferme un bas-relief sur bois à figures enluminées, représentant la descente de la croix; c'est un ouvrage sinon parfait, du moins très curieux; en conséquence, il demeure voilé par un tapis qui ferme hermétiquement la grille; le grand jour est réservé pour tous ces nuages d'or et d'argent dont la masse peu vaporeuse cache les découpures des fenêtres gothiques et leurs vitreaux coloriés.

En visitant les églises gothiques, on est fâché de voir des grilles modernes, des autels romains, des ornemens de toute sorte, qui forment le plus lourd contre-sens avec le caractère général de leur architecture ; mais l'art chrétien a été de nos jours trop bien analysé, le clergé catholique a trop de lumières et de bon goût, pour que ces choquantes incohérences se représentent à l'avenir.

Au quinzième siècle, le quartier Saint-Michel était le centre du commerce de Bordeaux, les habitans de cette riche paroisse se montraient fiers, avec raison, de leur Église ; le roi Louis XI y entendit la messe et il y fonda la confrérie des *Montuzets*, mais le Clocher ne répondait pas à la magnificence de la basilique. Au dessus d'un charnier, vaste ossuaire qui avait englouti bien des générations, s'élevait une construction de mince apparence où les cloches étaient reléguées. On résolut d'y substituer une tour qui étonnât par son élégance et par sa hauteur, qui fût le plus bel ornement de l'Église et de la cité.

Les travaux, commencés en 1472, durèrent vingt ans et furent dirigés par Jean Lebas, puis par son fils. La fabrique y employa des sommes considérables, auxquelles il faut ajouter les munificences royales et les legs pieux des paroissiens. Mais on put craindre un moment que l'œuvre commencée ne demeurât interrompue; lorsque les dernières galeries de la tour furent achevées et qu'il s'agit d'élever la flèche qui devait la surmonter, le cœur manqua aux ouvriers : deux hommes se dévouèrent seuls à cette entreprise hardie. Le syndic de la fabrique nous a fait connaître, dans son livre de comptes, leurs noms et la récompense qu'ils méritèrent: « payé trois « aunes de draps gris pour faire deux habits à Hugues

« Boduchau et Guillaume le Renart, maçons, parce qu'ils
« ont voulu prendre la peine de maçonner l'aiguille du
« clocher jusqu'à la fin; car je ne trouvais homme qui
« voulut s'en charger. Montant total pour le drap, la
« fourniture et la façon: xv francs xiii liards ».

C'était un monument qui étonnait l'œil : la tour s'élevait à 155 pieds 6 pouces, soutenue par 6 piliers et terminée par autant d'aiguilles élégantes que le peuple, dans son langage figuré, appelait *les filles*. La flèche-mère n'avait pas moins de 146 pieds 1/2, et surmonté de sa croix en fer, l'édifice présentait une hauteur de 300 pieds.

Le clocher frappé de la foudre en 1574 et 1608, était déjà tronqué par le sommet lorsqu'il eut à redouter le courroux des rois, plus funeste aux monumens que le feu du ciel. Les bordelais avaient tenté un dernier effort en faveur de leurs priviléges communaux; ils avaient crié *vive le roi sans gabelle* et sonné le tocsin à Saint-Michel. La destruction de la tour fut ordonnée par Louis xiv: heureusement que personne ne consentit à devenir exécuteur de cet acte de vandalisme.

Durant sa brillante administration, M. de Tourny songea à réparer ce curieux édifice; mais ses plans demeurèrent sans exécution, et le 8 septembre 1768, le clocher, ébranlé par un ouragan terrible, perdit 72 pieds de sa hauteur. Depuis, l'administration locale a cru devoir, par précaution, l'abaisser de nouveau.

Le clocher Saint-Michel, ainsi diminué, mais fort imposant encore par sa hauteur, sert aujourd'hui de base au télégraphe.

Il existe sous le clocher un caveau qui renferme des cadavres fort bien conservés, sortes de momies naturelles que l'on visite souvent; c'est une des curiosités de notre ville.

L'Abattoir.

Sur l'emplacement où s'élevait autrefois le Fort-Louis, a été construit l'Abattoir général. Le fort avait été bâti pour menacer la ville et la contenir sous le pouvoir absolu; la ville a détruit le fort et à l'endroit même où il était assis, avec les pierres mêmes dont il était bâti, la ville s'est fait un édifice d'utilité publique; elle a converti le lieu de guerre et de destruction en un lieu de travail et d'industrie.

Ce ne fut qu'en 1810 qu'on décida la fondation de plusieurs établissemens de ce genre dans la ville de Paris, qui aurait dû en prouver les avantages par un exemple moins tardif; d'habiles architectes furent consultés, on appela d'anciens praticiens bouchers à donner leurs conseils et après un mûr examen des nombreux documens qu'on avait recueillis, on arrêta et l'on exécuta les plans de cinq abattoirs, qui ne diffèrent entre eux que par quelques détails. L'expérience a sanctionné l'excellente disposition de ces établissemens.

Lorsqu'en 1826, la ville de Bordeaux appela tous les architectes du royaume à lui fournir dans un concours les plans d'un abattoir général, M. Durand, architecte de notre ville, crut devoir adopter, pour son projet, un type auquel l'expérience avait été favorable et l'emporta sur ses concurrens. L'Abattoir de Bordeaux a donc été construit sur le modèle de ceux de Paris et il se rapproche beaucoup, pour ses dimensions, des abattoirs du Roul et de Ville-Juif.

Cet édifice, d'une architecture fort simple et convenablement appropriée à sa destination, est complètement isolé, par une grande place et des rues larges, de toutes les constructions qui l'avoisinent. Les différentes parties de l'établissement, étables, échaudoirs, fondoirs et voieries, sont réunies dans une seule enceinte et chacune de ces parties est isolée par des voies spacieuses qui facilitent la libre circulation de l'air et qui, dans le cas d'incendie, préserveraient l'édifice d'une destruction totale.

Sur la façade principale, s'élèvent deux pavillons à un étage destinés au logement des employés supérieurs de l'administration et unis entre eux par une grille en fer percée de trois portes; au dessus de la grille domine un petit bâtiment, occupé par la machine hydraulique, situé au fond de la cour et faisant point de vue.

L'entrée principale s'ouvre sur une vaste cour fermée à l'intérieur par des barrières en bois; de chaque côté sont placés les deux grands corps d'échaudoirs avec étable, triperie, voirie et autres dépendances. Les échaudoirs de Paris sont divisés en cases séparées, dont chacune est louée à un boucher; mais on a craint que ce système n'offrît pas à Bordeaux les mêmes avantages à cause des habitudes locales, et l'on a construit des corps d'abattoirs généraux sans compartimens. A Paris, les cours de travail sont placées entre deux corps d'échaudoirs; ici, elles sont placées entre l'échaudoir et l'étable et fermées, à leurs extrémités, par des grilles en fer; l'animal qui doit être abattu, n'a ainsi qu'une faible distance à traverser et ne pourrait s'échapper que dans une cour de quelques mètres de largeur. Au fond de la grande cour se présentent le bâtiment de la machine hydraulique, et de chaque côté de ce bâtiment, deux corps secondaires d'échaudoirs avec leurs dépendances.

On voit donc par cette description succincte, que l'Abattoir de la ville est un établissement remarquable par ses dispositions habilement combinées. Le rapprochement des parties qui ont des rapports de destination entre elles, facilite le service; le peu d'élévation des constructions, l'isolement de chacune des parties de l'édifice, permettent la libre circulation de grandes masses d'air; des eaux abondantes, fournies par la machine hydraulique, se répandent sur tous les points et entretiennent la fraîcheur et la propreté; les eaux sales se rendent à la rivière par des canaux souterrains et entrainent avec elles les immondices; enfin, toutes les conditions d'utilité et de salubrité ont été heureusement remplies pour faire de notre Abattoir, un des monumens les plus complets en ce genre.

Hospice des Enfans Trouvés.

Un simple berger des Landes, un apôtre chrétien, parcourant les rues de Paris, un jour de l'année 1640, aperçut un pauvre enfant trouvé se débattant sous la main d'un mendiant qui travaillait à lui déformer les membres; Saint-Vincent-de-Paule s'élance, arrache l'enfant à la brutalité de cet homme, l'emporte dans ses bras et se promène dans la ville, assemblant la foule autour de lui avec sa parole pleine d'onction et de puissance, et recommandant la chétive créature à ceux qui l'entouraient. Cet évènement lui fit faire de sérieuses réflexions sur le sort de ces malheureuses victimes, abandonnées par des parens pauvres ou criminels; puis son ardente charité, se mettant soudain à l'œuvre, dota la France d'un premier hospice d'enfans trouvés.

Telle fut l'origine des premiers établissemens réguliers en faveur de ces pauvres enfans. Avant Saint-Vincent-de-Paule, des personnes charitables avaient bien fait quelques efforts isolés pour soulager leur misère; mais le préjugé qui pesait sur leur naissance les avait généralement laissés dans un abandon contraire aux lois de l'humanité et à l'esprit même de la religion chrétienne. On les exposait ordinairement sur le parvis des églises, quelquefois dans des conques de pierre disposées pour les recevoir. Les marguilliers étaient chargés de les recueillir jusqu'à ce qu'on eût trouvé quelque personne bienfaisante qui voulût se charger de leur existence.

Aujourd'hui, des secours toujours certains leur sont réservés dans des hospices institués dans ce but. Les enfans déposés dans les tours, sont envoyés à la campagne, chez des cultivateurs qui les élèvent jusqu'à l'âge de douze ans, moyennant une indemnité fournie par les fonds publics des départemens; ils rentrent ensuite à l'Hospice, où ils reçoivent quelque éducation et apprennent un métier à l'aide duquel ils devront pourvoir à leur subsistance. Ils sortent enfin entièrement libres, les garçons à l'âge de vingt et un ans, les filles à l'âge de dix-huit, à moins qu'ils ne trouvent plus tôt à se placer dans quelque maison particulière.

L'Hospice de Bordeaux est un édifice très vaste et fort bien disposé. Il renferme habituellement une population de 400 enfans. Des ouvriers-maîtres enseignent aux garçons les métiers de tailleur, de cordonnier, de maçon, de boulanger; un ouvroir est établi pour les filles qui apprennent tous les travaux de couture; la plus grande partie d'entr'elles se placent comme domestiques en sortant de l'Hospice et tous les enfans qui y sont élevés reçoivent des principes de moralité auxquels ils demeurent généralement fidèles.

Le Petit Séminaire.

L'ÉDIFICE occupé aujourd'hui par le Petit Séminaire avait été destiné d'abord à un dépôt de mendians. Lorsque Bonaparte voulut faire disparaître la mendicité dans toute la France et mener à fin un projet qui avait été conçu pendant la révolution, il fit construire dans plusieurs villes de vastes édifices où l'on conduisit en effet quelques vagabonds; mais on reconnut bientôt qu'il était impossible de les y retenir et d'exécuter les lois et décrets rendus contre la mendicité.

Le dépôt de notre ville fut construit par M. Combes; le bâtiment principal a deux pavillons aux extrémités et un avant-corps au centre, surmonté d'un fronton; dans le bâtiment du fond, un frontispice composé de quatre colonnes forme l'entrée de la chapelle; à l'intérieur, quatre autres colonnes supportent une voûte sphérique éclairée au centre par une lanterne.

Cet établissement est pourvu de cours, de dortoirs et de réfectoires spacieux; il renferme ordinairement trois cents élèves.

Sainte-Croix.

L'ART chrétien n'a pas déployé dans ce monument ce qu'il a de plus grand ou de plus parfait, et si cette église attire l'attention des savans et des artistes, c'est surtout par son ancienneté, par les détails curieux qu'elle leur présente.

Quelques antiquaires ont cru y découvrir un temple payen transformé en basilique chrétienne : cette opinion, qui est devenue populaire ne repose sur aucun fondement.

Le temple de *Vernemetis* a existé dans les environs de Bordeaux ; mais on en ignore la situation précise. Le poëte Fortunat nous apprend que l'évêque Léonce consacra au culte chrétien cet ancien sanctuaire du paganisme, il nous dit aussi qu'il le plaça sous l'invocation de Saint-Vincent ; or, cette dernière circonstance exclut toute idée d'identité entre le temple et l'église, puisque celle-ci n'a jamais changé de nom.

D'ailleurs, les faits que nous a transmis l'histoire, suffisent pour nous expliquer l'origine de cet édifice.

On attribue à Clovis II la fondation de l'abbaye de Sainte-Croix, qu'on place vers l'an 650. Ce monastère, détruit par les Sarrasins, fut rétabli par Charlemagne en 778. Plus tard les Normands le pillèrent et il ne fut restauré qu'en 897, par les soins du duc d'Aquitaine, Guillaume le bon.

Les parties les plus anciennes de l'édifice, le portail, la tour, les murs des chapelles latérales doivent appartenir à l'une de ces trois époques.

Comme dans toutes les églises de style roman, on a trouvé ici des figures fantastiques et grimaçantes. Celles qui décorent la façade, ont été pour nos savans un sujet de controverse : l'un voit dans ces sculptures, des sujets obcènes qui sont pour lui une preuve de l'origine payenne de l'édifice, tandis que l'autre les absout de tout reproche d'impureté. Il est positif qu'on y voit l'image du diable, plusieurs fois reproduite, ce qui prouve que l'artiste n'appartenait pas au paganisme, puis des créatures humaines dont plusieurs sont dans un état de nudité assez peu voilée. — Au reste, outes ces figures sont d'un dessin peu correct, tandis que les feuilles d'acanthe et les autres ornemens qui appartiennent à la même époque, sont sculptés avec beaucoup d'art.

M. Jouannet a remarqué au dessus de la porte principale, le commencement d'un zodiaque; mais cet ornement est resté inachevé : on peut observer dans la façade plusieurs interruptions semblables. Ce travail fut entrepris au milieu des luttes les plus violentes du moyen âge; sans doute qu'une irruption de barbares est venue arrêter tout à coup le ciseau de l'artiste.

La rosace de la façade, la porte latérale, la nef sont d'une construction ogivale primitive et doivent remonter au commencement du xiime siècle.

On voyait autrefois dans l'église trois tombeaux remarquables, il n'en existe plus qu'un seul; il est placé à gauche du chœur, c'est un chef-d'œuvre de l'art gothique : l'inscription en a été enlevée ; mais nous espérons qu'on respectera le monument.

Deux pierres de sculpture gothique, représentant *la Cène*, ont servi à former les fonds baptismaux ; nous croyons qu'elles ont primitivement appartenu à une sainte table. — Bien que les peintures à fresque de cette église aient été vantées outre mesure, elles méritent cependant d'être vues par les connaisseurs.

Hôpital des Incurables.

L'ADMINISTRATION de cette maison, comme celle de tous nos hospices et hôpitaux civils, ressortit d'une commission générale, composée de dix membres choisis parmi les citoyens les plus honorables et dont le maire de la ville est président. La direction générale des hospices est divisée en plusieurs sections qui comprennent l'approvisionnement, le contentieux, la comptabilité, les travaux des bâtimens et auxquelles sont adjoints un comité consultatif et un conseil des hospices composé d'un notaire et d'un avoué.

L'administration particulière de chacun de ces établissemens est placée sous la surveillance immédiate de l'un des membres de la commission et la direction intérieure est confiée aux sœurs de charité.

L'Hôpital des Incurables est destiné à recevoir 109 individus des deux sexes; deux médecins et deux chirurgiens y sont attachés et les sœurs de la charité de St-Vincent-de-Paule sont chargées du service de la maison.

Porte d'Aquitaine.

La Porte d'Aquitaine, construite en 1746, sous l'administration de M. de Tourny, reçut ce nom à l'occasion de la naissance d'un prince royal à qui l'on donna le titre de duc d'Aquitaine. Elle remplaça une ancienne porte fortifiée qui se composait, comme la plupart des portes de Bordeaux à cette époque, de deux tours crénelées, jointes par des arceaux et munies de ponts-levis jetés sur les fossés de la ville. Ce bastion ruiné s'appelait la porte Saint-Julien, du nom d'une petite chappelle qui en était voisine.

Dans la même année, M. de Tourny fit commencer la porte Dauphine et la porte Dijeaux. De toutes celles qui ont été élevées sous son administration, c'est la Porte d'Aquitaine, dont le style est le mieux approprié à ces sortes de constructions et dont l'aspect est le plus monumental. On a formé à l'extérieur une place publique destinée à servir de lieu de station aux bouviers des Landes qui apportent les matières résineuses de leur pays dans notre ville. Ces marchandises, qui forment une partie importante de notre commerce, allaient auparavant encombrer le carrefour du Chauf-Neuf. La place d'Aquitaine est devenue, ainsi que la place des Capucins, un marché spécial, et c'est encore à l'active prévoyance de M. de Tourny que notre ville est redevable de cet établissement.

Ancienne église des Augustins.

« L'an 1287, étant Robert Chancelier d'Angleterre, archeuesque de Bourdeaus, le conuent des Augustins est institué et basti, duquel les seigneurs de Candale se disent patrons et fondateurs, y ayant esleu leur sépulture. »

Voilà ce que dit la *Chronique bordelaise* sur la fondation du couvent des Augustins ; mais la Chronique se trompe, le chancelier d'Angleterre n'était point archevêque de Bordeaux et en 1287 le siége épiscopal était vacant : nous n'avons pu découvrir en quelle année les pères Augustins s'établirent à Bordeaux ; mais il résulte d'un acte authentique, que le collége métropolitain leur permit en 1287 de construire une église avec cimetière sur un terrain appartenant aux paroisses Sainte-Eulalie et Saint-Eloi, dans le lieu appelé le *Mirail*, à la condition que le couvent paierait annuellement au chapitre une rétribution de trente livres monnaie Bordelaise ; Robert Bournel, évêque de Bathe et de Wils en Angleterre, et chancelier d'Edouard Ier, fournit à cet effet l'autorisation nécessaire, ce qui a fait croire à l'auteur de la chronique qu'il était archevêque de Bordeaux ; dans un recueil de renseignemens sur le diocèse, manuscrit qui nous a été communiqué par M. l'abbé Sabattier, il est dit que Robert Bournel dota de ses libéralités le couvent des Augustins.

On voit dans les *Tablettes Écclésiastiques* que le chapitre et le corps de ville se rendaient processionnellement dans l'église des Saint-Pères deux fois par an, le 20 janvier au matin pour un vœu fait en temps de peste et le dimanche de *Quasimodo* à l'occasion de l'oraison des 40 heures.

ÉGLISE DES AUGUSTINS.

Le couvent des Augustines dont l'époque de fondation nous est inconnue, mais qui existait en 1405, était situé près de celui des Augustins et ces deux maisons comprenaient l'emplacement circonscrit par les rues Bouhaut, des Augustins, Permentade, Beaurepaire et Entre-Deux-Places.

Le couvent des Augustines fut probablement détruit à l'époque où l'on entoura la ville de fortifications, les couvens de femmes ne pouvant exister hors de l'enceinte des murs.

Le couvent des Augustins fut détruit pendant la révolution ainsi que leur église ; il n'en reste plus aujourd'hui que la tour et un pan de mur percé d'une ogive, qui appartiennent à un simple particulier.

Temple des Israélites.

Dans un espace de 13 pieds de largeur sur 50 de hauteur, pris sur une maison particulière de la rue Causserouge, il a fallu placer l'entrée et le frontispice d'un Temple Israélite, tout en conservant aux étages supérieurs de la maison leur destination habituelle. — L'entrée de l'édifice ouverte, il a fallu, au milieu des propriétés privées, irrégulièrement construites, enchevretées au hasard, il a fallu, détruisant les unes, respectant les autres, luttant contre mille difficultés locales, élever le Temple régulier, symétrique et complet dans les détails nécessaires au culte. — Contraint de subir ces conditions défavorables, M. Corcelle est néanmoins parvenu, malgré tant d'obstacles, à construire une des plus belles synagogues que possède la religion israélite; et le consistoire de Paris a rendu justice au talent de cet habile architecte, en choisissant le Temple de Bordeaux pour modèle de celui que les Israélites ont fait élever dans la capitale.

Sur le frontispice, l'artiste a représenté, dans un étroit espace, les tables de Moïse, le chandelier à sept branches, les deux colonnes du temple de Salomon, et ces attributs impriment à ce monument un caractère particulier qui en révèle nettement la destination religieuse. A l'intérieur, vingt-deux colonnes supportent une voûte circulaire et séparent la nef des bas côtés, au dessus desquels s'élèvent les tribunes grillées destinées aux femmes. Au fond du Temple, un long voile bleu, entr'ouvert dans les grandes solennités, laisse voir un meuble précieux où l'on tient enfermé le *Pentateuque* et les riches copies qu'en ont faites les fidèles. Sur un escalier composé de sept marches, est placé l'autel des parfums avec le vase d'encens et la brassière tels qu'ils sont décrits dans la bible. Au milieu du Temple, s'élève le chandelier à sept branches et le chœur orné de candelabres en cuivre, garni de stales pour le rabin et les lévites, renferme le pupitre destiné à supporter le Pentateuque. Tous les détails architectoniques, imités des feuilles de l'olivier, du palmier et des produits de la Terre-Sainte, contribuent à caractériser l'aspect de ce monument et rappellent l'origine du culte auquel il est consacré.

Le Temple des Israélites a été construit en 1840.

Église Sainte-Eulalie.

Ce qu'il y a de plus remarquable dans cette église, ce sont les ornemens de mauvais goût qui en embellissent l'intérieur aux yeux éblouis des fidèles; elle est toute scintillante et reluisante de décorations rafraîchies, de vieux tableaux fraîchement encadrés, de grosses et lourdes statues en bois repeint et doré à neuf, le tout proprement vernissé. La nombreuse collection de tableaux qu'elle renferme ne nous paraît pas mériter la réputation qu'on lui a faite; toutefois nous avons remarqué une *flagellation* dont le Christ demi-nu n'est pas sans beautés.

Consacrée en 1173 par l'archevêque Guillaume *le Templier*, cette église fut restaurée au XIVme siècle; mais ainsi qu'il est arrivé dans presque toutes les restaurations des monumens chrétiens, les architectes ont mêlé, aux formes anciennes, les formes en usage de leur temps et détruit l'unité de l'édifice.

Dans la chapelle Saint-Clair, qui formait autrefois la partie principale de l'église, reposent aujourd'hui les sept martyrs apportés de Leytoure, par Charlemagne en 811, comme l'indiquait autrefois une inscription gravée sur un des murs extérieurs. On lirait aujourd'hui la traduction française de cette inscription sur un des piliers de la chapelle, si elle n'avait été cachée par un gros ange doré; l'autre pilier porte un tableau où l'on voit Charlemagne fesant la procession des Chasses qu'il avait données.

Tous les ans, au 1ᵉʳ dimanche du mois de juin, on promène ces reliques autour de la paroisse; la première procession eut lieu le 28 juin 1699.

Cette église appartenait jadis à un monastère qui a subsisté jusqu'au 7ᵐᵉ siècle; elle eut aussi un collége de sept bénéficiers; l'un d'eux en fit bâtir en 1400 le sanctuaire et le caveau.

Dans les luttes que le peuple Bordelais avait à soutenir contre les gouverneurs de la province ou contre le pouvoir royal Sainte-Eulalie était ainsi que l'église Saint-Michel un centre de ralliement aux jours d'émeute. Lors des troubles de 1651, le curé de Sainte-Eulalie, l'oratorien Bonnet, homme remuant et hardi, avait prêté l'appui de son talent au parti de *l'Ormée*; aussi les mémoires du temps disent que « l'église du père Bonnet était une halle pour assem-
« bler les factieux; son confessionnal, une mine; sa
« chaire, une machine contre l'autorité royale; sa lan-
« gue, un glaive pour mettre en pièces le gouvernement
« et son presbytère, un magasin de toutes sortes d'ar-
« mes. » Ce qui veut dire que le père Bonnet avait pris vaillamment la défense du peuple.

Le clocher de cette église, qui avait déjà subi diverses atteintes de la foudre, perdit au commencement de notre siècle, la plus grande partie de la flèche qui le décorait; le porche a été reconstruit en 1829.

Caserne Saint-Raphaël.

Le lieu occupé aujourd'hui par la caserne Saint-Raphaël et par le nouvel Hôpital Saint-André, est célèbre dans nos annales; là était autrefois une terrasse plantée d'ormeaux et qui pour cela même s'appelait l'*Ormée*, et c'est là que pendant les guerres de la Fronde se tenait la fameuse assemblée populaire de l'*Ormée*, qui durant deux ans fut le seul pouvoir dont on respectât l'autorité dans la ville de Bordeaux.

Dans la seconde période des joyeuses guerres de la Fronde, lorsque le rusé cardinal après avoir feint de quitter la partie, se fit adroitement rappeler en France par des lettres mêmes du roi, le prince de Condé était gouverneur de la Guienne; le retour de Mazarin fut le signal de la guerre civile; les Frondeurs avaient repris les armes et Condé fut obligé de quitter la province pour aller rétablir l'ordre dans son armée. Il laissait à Bordeaux le prince de Conti; mais il confia plus particulièrement la défense de ses intérêts au comte de Marsin et à Lenet qui avait été le principal conseiller de la princesse de Condé. Jaloux de cette faveur, le prince de Conti tâcha de se créer un parti dans la ville. Il fit répandre le bruit parmi le peuple que le parlement voulait favoriser le retour du cardinal, et c'est pour s'opposer aux projets du Parlement que le peuple institua l'assemblée de l'*Ormée* ou de l'*Ormière* en 1652.

L'*Ormée* ne se composait que de cinq cents membres; mais elle comptait de nombreux adhérens affiliés, ils étaient liés entr'eux par serment et s'engageaient à exposer leur vie et leurs biens pour soutenir leurs droits. Cette société avait pour but de réclamer le vote populaire dans les assemblées générales de la commune, de faire rendre compte aux administrateurs des fonds publics, de prêter de l'argent sans intérêt aux membres qui en avaient besoin et de secourir les veuves et les enfans après la mort des membres affiliés.

Les *Ormistes* établirent une juridiction appelée *Chambre de l'Ormière*, qui prononçait sur les objets les plus importans et dont les arrêts étaient sans appel; les plus hardis étaient les chefs naturels de cette assemblée; Villars, l'un d'eux, fut mis à la tête d'une compagnie de quatre-vingts gardes et Dureteste, ancien boucher, commanda la ville en maître absolu; le prince de Conti lui-même était obligé d'exécuter ses ordres; souvent il lui disait: allons, Monsieur, il faut monter à cheval et le prince aurait craint de lui désobéir. Telle était, s'écrie dom Devienne, l'insolence de cet *Ormiste* et la licence à laquelle on était parvenu dans ces temps malheureux.

En moins de huit jours, Dureteste fit partir de la ville les conseillers qu'on supposait attachés au parti du cardinal; quand il voulait éloigner un suspect, il lui écrivait tout simplement: « Monsieur, ayant appris que vous êtes malade, je vous porte une ordonnance pour aller prendre l'air; si dans tout le jour de demain vous n'êtes point sorti de la ville, vous serez poignardé et jeté dans la rivière. »

La fronde fut vaincue dans toute la France et Louis XIV, accompagné de son ministre entra triomphant dans sa bonne ville de Paris; mais les troubles continuèrent à Bordeaux: l'*Ormée* luttait contre le pouvoir du Parlement et elle l'avait tellement intimidé que la plupart de ses membres n'osaient plus siéger, lorsqu'une déclaration royale le transféra à Agen; les *Ormistes* furent dès-lors maîtres absolus de la ville.

Mazarin essaya de soumettre Bordeaux à l'autorité royale en employant à la fois la force et la ruse, il essaya de se ménager des intelligences avec les chefs de *l'Ormée*; mais ses projets furent plusieurs fois déjoués: le père Ithier, cordelier et la mère Angélique, qui avaient gagné Villars, voulaient livrer la ville aux royalistes; la conspiration ayant été découverte, la mère Angélique et les cordeliers furent chassés, et le père Ithier condamné à la prison perpétuelle, fut conduit par le bourreau dans les rues de la ville sur une charrette, la corde au col, un écriteau sur le front avec ces mots: *traître à la patrie;* Quelque temps après, un des *Ormistes* nommé Chevalier, qui avait trempé dans un nouveau complot, fut pendu devant l'Hôtel-de-Ville; après lui Fillot, qui avait promis d'ouvrir les portes de la ville au duc de Candale, chef de l'armée royaliste, fut condamné à souffrir la question ordinaire et extraordinaire et ne dut son salut qu'au prince de Conti qui le protégea contre la fureur du peuple.

Cependant l'armée royale s'avançait toujours vers Bordeaux, qui se trouva bientôt bloqué sur tous les points; la famine qui se fit sentir parmi le peuple le détacha de l'*Ormée*. Les Bourgeois dont les transactions commerciales étaient arrêtées par l'état de guerre, organisèrent des compagnies pour résister aux *Ormistes* et formèrent des assemblées à la bourse, où l'on demanda la paix; la lassitude s'était emparée des habitans, on criait dans les rues: vive le roi, plus *d'Ormée*; quelques personnes quittèrent la couleur bleue qui était celle de *l'Ormée* et l'Isabelle qui était celle des princes, pour prendre la couleur blanche; un drapeau blanc remplaça l'étendard rouge des *Ormistes* qui flottait sur le clocher de Saint-Michel, et bientôt toutes les églises furent pavoisées de drapeaux blancs; le prince de Conti vit qu'il fallait céder. Les bourgeois envoyèrent des députés pour demander la paix et une amnistie générale, ce qu'ils obtinrent aisément; la princesse de Condé et le duc d'Enghien eurent la faculté de se retirer où bon leur semblerait; le 3 août 1653, le duc de Candale et le duc de Vendôme, généraux de l'armée royale, entrèrent dans la ville de Bordeaux, à la grande jubilation de tous les habitans et l'on ne pensa plus qu'à oublier les misères passées et à bien servir son prince.

Mais le cardinal voulut qu'on exceptât de l'amnistie les principaux chefs de *l'Ormée*; Tancars, Desert et Blaru s'échappèrent en Angleterre, le prince de Conti obtint la grâce de Villars; mais Dureteste fut pris, condamné à mort et exécuté. Cet homme, que la faveur populaire avait porté au pouvoir et dont le peuple exécutait aveuglément toutes les volontés, le peuple ne voulut pas se contenter de le voir avec indifférence mener au supplice, il vint l'insulter à sa mort. On dit que Dureteste fut plus sensible à ce trait d'ingratitude qu'à tout autre malheur. La tête de ce chef des *Ormistes* fut plantée au bout d'un pieu attaché au haut d'une tour qui était à l'extrémité de *l'Ormée*, après y être restée pendant vingt-trois ans, elle fut jetée dans les fossés de la ville et remplacée par la tête de l'un des révoltés dans la sédition de 1675.

Un Séminaire fut élevé dans la suite, sur l'emplacement de *l'Ormée*; cet édifice, transformé en hôpital militaire sous l'empire, est devenu aujourd'hui la caserne Saint-Raphaël. Le reste de cet emplacement avait été converti en jardins sur lesquels on construisit plus tard le nouvel hôpital Saint-André.

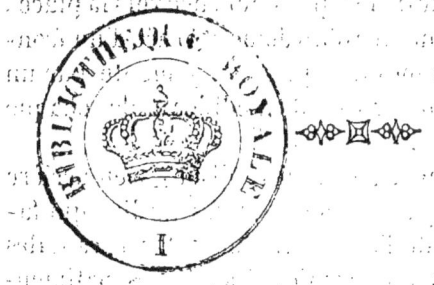

Hôpital Saint-André.

Bordeaux possédait, avant la construction du nouvel Hôpital Saint-André, un ancien hôpital du même nom, qu'avait fait bâtir, en 1390, un chantre de la cathédrale, nommé Vital Carle. Mais cet antique bâtiment, placé dans une des parties les plus basses de la ville et sur un sol humide, ne présentait pas toutes les conditions de salubrité nécessaires à sa destination ; miné d'ailleurs par le temps, il était dans un état qui faisait craindre une ruine prochaine. L'administration fut donc obligée d'ordonner la construction d'un nouvel édifice, qui fut élevé, comme nous l'avons dit, sur l'ancienne terrasse de l'*Ormée* ; une vaste place, bordée de platanes, sépare cet édifice de la prison nouvelle que l'on construit aujourd'hui sur les ruines de l'ancien Fort du Hà, et deux établissemens modernes destinés l'un aux infirmités physiques, l'autre aux infirmités morales, vont se trouver l'un en face de l'autre pour témoigner des misères qu'engendre notre société et qu'elle s'ingénie plutôt à guérir qu'à prévenir.

Au milieu de la façade de l'Hôpital, tournée vers la place, s'élève la chapelle surmontée d'un dôme et ornée d'un frontispice de quatre colonnes doriques ; on y monte par un large escalier placé au centre de l'édifice ; de chaque côté sont des salles pour les malades.

Cinq corps de bâtimens parallèles, disposés en arrière de la façade, séparés par des cours et des jardins qui facilitent la circulation de l'air, renferment de vastes salles au rez-de-chaussée et au premier étage. Ces bâtimens sont garnis, à l'intérieur des cours, de portiques et de galeries.

Au centre de l'édifice est un bel amphithéâtre, auquel sont jointes deux salles de dissection et un lieu de dépôt pour les morts; à côté se trouvent plusieurs salles de bains.

Un autre corps de bâtiment contient un dépôt pour les drogues, un laboratoire, une pharmacie, un réfectoire, une cuisine et un dépôt de provisions.

L'établissement est pourvu de toutes les commodités nécessaires, lavoir, buanderie, boulangerie, écurie et remise.

Une source fournit en abondance de l'eau potable qui est conduite par des tuyaux dans les salles et usines.

Trente-cinq réservoirs placés dans la partie supérieure des bâtimens et destinés à recevoir les eaux pluviales, seraient d'un utile secours en cas d'incendie. Des canaux souterrains reçoivent les eaux surabondantes et les égouts de la maison.

Le duc de Richelieu, ministre des affaires étrangères sous Louis XVIII, avait consacré à la fondation d'un hôpital dans la ville de Bordeaux, les pensions qu'il tenait du gouvernement. Cette libéralité fut un encouragement pour l'administration locale et le nom de M. de Richelieu demeure attaché dans le souvenir des bordelais à cet établissement de philantropie.

Le nouvel Hôpital Saint-André, commencé en 1825 et terminé en 1829, a été construit sous la direction de M. Burguet, architecte de notre ville.

Le Collége.

Le Collége occupe aujourd'hui l'ancien couvent des Feuillans. Ces pères religieux s'établirent à Bordeaux, en 1580, au prieuré de Saint-Martin, qui était situé dans le faubourg Saint-Seurin. Ils tiraient leur nom de l'abbaye du Feuillant, située près de Rieux, dans le département de la Haute-Garonne, où leur congrégation fut institué en 1577, par Jean de la Bassière.

Les bâtimens de l'ancien Couvent des Feuillans, à Bordeaux, sont petits et d'une construction moderne; mais l'intérieur de l'église est assez remarquable : la tribune, surmontée d'une voûte hardie, est ornée d'un magnifique tableau de Boucher, représentant l'adoration des Mages. Les chapelles sont décorées de peintures historiques et l'on y voit les écussons de divers seigneurs à qui le Couvent était sans doute redevable de quelques libéralités. Mais ce qui recommande surtout cette église, c'est qu'elle renferme les restes de Montaigne; son tombeau sculpté en pierre, est placé dans une des chapelles latérales. Montaigne y est représenté, étendu sur le sarcophage, vêtu de sa cotte de maille, ayant à sa droite son casque et ses brassards, et un lion à ses pieds. La veuve du célèbre auteur des *Essais* lui fit élever ce tombeau en 1614. On y lit deux épitaphes, l'une en prose latine, composée par P. de Brach, et l'autre en vers grecs, par le savant Furnèbe. Voici la traduction de ces deux morceaux telle que l'a donnée M. Bernadeau, dans les *Antiquités Bordelaises*.

« *A. Michel de Montaigne*, fils de Pierre et de Grimonde, petit fils de Raimond, chevalier de l'ordre, citoyen romain, ancien maire de Bordeaux. Ce grand homme naquit pour être la gloire de la nature. La douceur de ses mœurs, la pénétration de son esprit, son éloquence vive et incomparable jugement, l'ont placé au dessus des autres hommes. Ayant eu pour amis les rois, les grands du royaume et les chefs mêmes d'un parti inférieur, il n'en fut pas moins attaché aux lois de son pays et à la religion de ses pères, sans blesser les intérêts de personne. Il sut, sans bassesse et sans injustice, se rendre agréable aux hommes de tous les états ; et comme, pendant sa vie, il avait constamment professé dans ses discours, ainsi que dans ses écrits, une philosophie qui l'avait fortifié contre tous les maux ; ainsi, aux approches du terme fatal, après avoir lutté avec courage contre une longue et cruelle maladie, conformant ses actions à ses principes, il termina enfin, lorsqu'il plût à Dieu, sa belle vie par une belle mort.

« Il vécut cinquante-neuf ans, sept mois et onze jours, et mourut en l'année 1592. Françoise *de la Chassaigne*, pleurant la perte d'un époux, hélas ! si fidèle et si tendrement chéri, a consacré ce monument comme un témoignage éternel de ses regrets et de sa douleur. »

« Passant, qui vois ma tombe et sens couler tes larmes,
Lis, reconnais *Montaigne* et bannis tes alarmes !
Ailleurs j'existe entier ; ces titres, ces faisceaux,
Ce corps vil n'est pas l'homme, il échappe aux tombeaux.
Quand de l'antiquité, peinte dans mes ouvrages,
Mes mœurs et mes discours retracèrent les sages.
Je les surpassai tous et l'empire français
Vit en en moi réunis et CATON et THALÈS ;
Soumis aux dogmes seuls de mon maître céleste,
Au doute de Pirrhon, j'ai livré tout le reste.
Que le goût, que l'église improuvent mes écrits,
Tranquille au haut des cieux, j'en attendrai le prix. »

Sous la république, des hommages solennels furent rendus à la mémoire du sceptique philosophe et l'on crut avoir transporté son cercueil à la bibliothèque publique; mais on s'aperçut plus tard que les restes enlevés de l'église des Feuillans, étaient ceux d'une parente de Montaigne; ils furent rapportés clandestinement dans le caveau qui les renfermait autrefois, et un descendant de la famille fit réparer ce monument en 1803, ce qui est attesté par cette inscription: *Jos. Montanus, Mich. Montani abnepos, hoc monumentum restauravit anno 1803.*

Un des gouverneurs de la Guienne, qui venait à Bordeaux, prendre possession de ses fonctions administratives et au devant duquel s'étaient portés le peuple et les autorités municipales, s'arrêta à l'entrée de la ville et dit qu'avant son installation au pouvoir, il voulait aller rendre hommage aux restes de Montaigne; la foule entraînée par ses paroles, le suivit avec enthousiasme jusqu'à l'église des Feuillans.

Le couvent a subi sa nouvelle destination au mois de juin de l'année 1803. — Le Collège renferme aujourd'hui deux cent soixante élèves internes; cent quatre-vingt externes viennent y recevoir l'instruction universitaire.

Allées d'Albret.

Dans son active prévoyance, M. de Tourny ne se contenta pas d'embellir et de régulariser les quartiers les plus fréquentés; mais il prévit les développemens ultérieurs de Bordeaux et traça, dans des lieux alors inhabités, de belles lignes qui plus tard devaient se garnir d'hôtels somptueux. C'est ainsi qu'entre les vieux murs de la ville et les marais de l'Archevêché, il plaça les Allées d'Albret, dans la pensée de joindre la rue Dauphine au cours d'Aquitaine, et de compléter ainsi une belle ceinture de boulevards.

Cette chaussée, large et régulièrement plantée, n'était garnie encore que de quelques échoppes, lorsqu'en 1771, la construction du nouveau Palais Épiscopal (aujourd'hui l'Hôtel-de-Ville) amena l'aliénation des marais de l'Archevêché: ces marais s'étendaient depuis les confins de la ville jusqu'à l'enclos des Chartreux; couverts tour à tour par les débordemens du Peugue et de la Devèze, par les eaux même de la Garonne, qui au temps des hautes marées, s'engorgent dans le canal de ces deux ruisseaux, ils exhalaient pendant les fortes chaleurs, des miasmes dangereux que les vents d'ouest poussaient sur la ville; alors se déclaraient ces fièvres épidémiques que les bordelais décimés, confondirent plus d'une fois avec la peste.

Le morcellement de ces terrains submergés, fut suivi des plus heureux résultats; les nouveaux possesseurs s'empressèrent d'exhausser le sol, les rues qui conduisent à la place Mériadeck furent dès lors tracées et là où régnait un marécage infect, s'est élevé le joli faubourg de *Belleville*. Ainsi, les maisons qui garnissent le côté occidental du cours d'Albret, ne remontent point au temps de M. de Tourny, elles différent essentiellement des constructions qui sont dues à l'habile intendant; ces édifices appartiennent plutôt à l'école de l'architecte Louis et paraissent pour la plupart de la même époque que ceux de l'Ilot du Chapeau-Rouge et de la place de la Comédie.

Le mur délabré de la terrasse Sainte-Eulalie, bordait jadis les Allées d'Albret sur une grande étendue. Les bâtimens du nouvel hôpital l'ont avantageusement remplacé. Cette ligne déjà fort belle et dont le plan incliné présente un aspect pittoresque, vient d'être prolongée par l'ouverture de la rue Saint-Martin. Les promeneurs qui la parcourent, ne manquent pas de remarquer le jardin élégant de l'hôtel Poissac et celui de la Mairie. Ce dernier, qui a long-temps fait partie du domaine de la Couronne, appartient aujourd'hui à la ville.

Le cours d'Albret, assez peu fréquenté pour l'ordinaire, devient, aux jours de la foire Saint-Fort [1], le centre d'un grand mouvement; les curieux, les acheteurs de la ville et de la banlieue s'y donnent un rendez-vous général; car là, vieux portraits, vieux livres, sabres rouillés, armoires et lits des siècles passés, robes et chapeaux des années précédentes, se trouvent entassés pêle-mêle; la friperie vide alors tous ses arsenaux et déploie toutes ses pompes.

---

[1] Cette foire occupe, non seulement les Allées d'Albret, mais encore la place Dauphine le cours de Tourny et celui du Jardin Royal. Elle dure deux jours, le 16 et le 17 mai.

Manufacture des Tabacs.

Le tabac, plante sauvage, fut découvert par les espagnols dans l'île de Tabaco, en 1560 ; il fut nommé Nicotiane, du nom de Nicot, ambassadeur français à la cour de Portugal, qui le premier, le présenta à Catherine de Médicis, à son retour en France.

Il fut d'abord mis en ferme: le premier bail date, dit-on, de 1674, le produit en augmenta successivement jusqu'à la révolution de 1793. Il fut alors livré au commerce et donna naissance à de grandes fortunes. En 1811, le gouvernement s'en empara de nouveau et créa des manufactures royales.

Le local de la manufacture de Bordeaux, où remisaient primitivement les fiacres, était devenu la propriété particulière de M. Schuller, fabricant, qui peu de temps après l'établissement du monopole, la vendit au gouvernement.

Il n'y avait alors à l'aile droite que le rez-de-chaussée. L'Administration des Tabacs fit, en 1824, régulariser la façade en élevant l'aile gauche. Elle fit construire, peu de temps après, le magasin destiné au tabac en feuilles et disposer les ateliers comme ils le sont actuellement. Une galerie régulière règne autour de la vaste cour, au rez-de-chaussée et au premier étage.

La Manufacture emploie des tabacs exotiques et des tabacs indigènes.

Les feuilles exotiques se tirent de la Virginie, du Maryland et du Kentucky ; on reçoit aussi des feuilles de

Cuba pour la composition des cigares étrangers. Les feuilles indigènes viennent du Lot, du Lot-et-Garonne, du Bas-Rhin, du Pas-de-Calais et de l'Ile-et-Vilaine.

Les expéditions aux entrepôts, peuvent s'élever à environ 800,000 kilogrammes par année. La Manufacture sert les départemens des Basses-Pyrennées, des Landes, de la Charente, de la Charente-Inférieure, des Deux-Sèvres, de la Vendée et de la Gironde.

Le personnel se compose de treize employés, de plusieurs contre-maîtres et sous contre-maîtres, et d'environ 550 ouvriers des deux sexes.

Caserne de la Gendarmerie.

Élevé en 1832, ce bâtiment est d'un aspect régulier et de bon goût; la distribution intérieure est bien appropriée à sa destination. Il est attenant à la prison et au tribunal criminel, situation qui convient à une caserne de gendarmerie.

La reconstrution de cet édifice a contribué au redressement de la rue *des Minimes*, qui forme avec l'extrémité orientale de la place d'Armes, et la rue de Berry un des beaux alignemens secondaires de notre ville. Ce quartier, jadis l'un des moins favorisés, a depuis quelques années, totalement changé d'aspect.

Caserne Notre-Dame.

Les ordres monastiques avaient doté nos villes d'édifices spacieux, la civilisation moderne s'en est emparée sans scrupule pour les appliquer à des usages profanes. Quelques-uns conservent encore des noms religieux qui contrastent singulièrement avec leur destination nouvelle; telle est la Caserne de Notre-Dame, qui fût jadis le couvent de l'Assomption.

Ce bâtiment, dont l'extérieur n'est nullement remarquable, peut contenir jusqu'à cinq cents soldats. Avec la caserne Saint-Raphaël, il a long-temps suffi au logement des troupes; mais depuis que la garnison de notre ville est augmentée, on a dû ajouter deux succursales.

C'est dans un bâtiment dépendant de la Caserne Notre-Dame que sont situées les salles du conseil de guerre; on y pénètre par une porte étroite et par un corridor obscur, le local lui-même n'est nullement approprié à sa destination; nous osons espérer qu'on assignera bientôt à la justice militaire un prétoire plus convenable.

Temple des Protestans,

RUE DU HA.

La religion réformée eût, comme on sait, de nombreux partisans dans le midi de la France. L'édit de Nantes qui termina la lutte sanglante des catholiques et des huguenots, instituait dans la cour du parlement de Paris, une chambre composée d'un président et de seize conseillers, qui fut appelée *la Chambre de l'Édict* et qui devait « cognoistre des causes et procès de ceux de la religion »; le ressort de cette chambre s'étendait dans tout le ressort des parlemens de la Bretagne et de la Normandie, où les protestans étaient peu nombreux; mais Castres et Grenoble eurent leur chambre spéciale. La ville de Bordeaux obtint pareillement une juridiction mi-partie de catholiques et de ceux de la religion, et il y fut faict création nouvelle d'un président, de six conseillers, agissant dans tout le ressort du parlement de la Guienne. La chambre de Grenoble n'avait qu'un président et trois conseillers.

Plus tard, lorsque Bordeaux devint une des premières villes commerçantes de France, des émigrans venus de l'Allemagne et de l'Angleterre, s'y établirent en grand nombre. Ils appartenaient presque tous à la religion réformée et malgré quelques différences de sectes, ils se joignirent pour le culte aux protestans de notre ville.

Le Temple de la rue du Hà ne suffisait donc plus aux nombreux religionnaires qui sentirent la nécessité d'en élever un nouveau plus vaste et plus rapproché du quartier des chartrons où sont réunis la plupart des protestans. Ce temple est situé dans la rue Notre-Dame; nous en parlerons dans la suite de cet ouvrage.

Celui de la rue du Hâ n'a point été spécialement construit pour le culte protestant; c'est l'ancienne église du couvent de l'assomption: l'église est devenue un temple d'hérétiques, le couvent est devenu une caserne.

Bains Ségur.

M. LABARTHE, ancien directeur des octrois, qui était atteint de douleurs rhumatismales, avait essayé, en 1806, les douches d'eaux minérales factices, administrées dans l'établissement de MM. Paul et Triayre, à Paris. Les bons effets qu'il ressentit de ce traitement, l'engagèrent à procurer à notre ville les avantages de cette innovation.

L'établissement de la rue Ségur, qui fut créé en 1808, est dirigé par M. Fozembas, élève de MM. Triayre et Jurine. Le local, auquel est annexé un fort beau jardin, est convenablement spacieux et pourvu de tout le confortable nécessaire.

On y trouve des bains d'eau pure et des bains d'eaux minérales factices. On y administre aussi des douches au moyen d'appareils perfectionnés qui proportionnent le volume et le jet des eaux aux forces du malade et à l'intensité de la maladie. La température des bains et des douches, et leur composition chimique, sont également toujours en rapport avec les divers états morbides. C'est là un avantage qu'offrent les eaux minérales factices; mais leur action curative est-elle réellement la même que celle des eaux naturelles? C'est une question qui concerne les hommes de l'art. Au reste, nous croyons utile de dire que M. Fozembas, homme prudent et éclairé, ne traite aucun malade sans l'ordonnance du médecin.

Cet établissement fournit encore pour boissons les eaux les plus renommées de tous les pays. — Enfin, l'électricité et le galvanisme y sont employés pour le traitement de quelques maladies où l'art médical a cru pouvoir se servir avec succès de ces deux agens encore peu connus. M. Fozembas a inventé un appareil galvanique d'une grande simplicité, qui a la propriété de produire la même quantité de fluide et d'en varier la force à volonté, quelque soit l'état atmosphérique.

Les bâtimens des Bains Ségur avaient jadis appartenu à un couvent des Ursulines ; une partie en ayant été détruite par un incendie, ils ont été reconstruits sur un plan nouveau et plus avantageux.

I

Grand-Marché et Palais de Justice.

Les jésuites, dont la congrégation fut fondée en 1550, s'introduisirent à Bordeaux, comme prédicateurs, et obtinrent en 1572 le prieuré de Saint-James, espèce d'hôpital richement doté et destiné à recevoir les pélerins.

L'année suivante, un conseiller au parlement, nommé Boulon, qui fonda un collège dit de la Magdeleine, le mit sous la direction des jésuites. Cette maison fut supprimée en 1590 par le gouverneur Matignon.

Plusieurs fois chassés du royaume, pour y être rappelés ensuite, ils quittèrent la ville de Bordeaux, et y rentrèrent suivant les arrêts du parlement. En 1604, la jurade leur donna une somme de six mille livres pour bâtir un nouveau collège. C'est l'édifice situé sur les fossés de l'Hôtel-de-Ville, dont nous avons parlé.

Ils commencèrent en 1611 à Sainte-Croix, leur maison du noviciat, aidés par le président de Gourgues et par le chanoine Darnal.

Enfin, ils élevèrent en 1676 un nouvel établissement dans la rue des Ayres, qui fut fondé par les secours de plusieurs particuliers. C'était leur maison-professe, et c'est sur l'emplacement de cette dernière maison, que fut construit le Palais de Justice. — M. Bonfin fils, architecte de notre ville, en a fourni les plans.

Cet édifice a deux façades, l'une au nord, l'autre au midi, et deux entrées, l'une dans la rue des Ayres, l'autre dans la rue de Gourgues. On y remarque deux salles des pas-perdus assez vastes; celle du premier étage est décorée d'une statue en marbre, de Montesquieu: la statue de l'auteur de l'*Esprit des Lois* est convenablement placée dans un palais de justice.—Les diverses salles d'audience d'une éxécution fort simple, n'offrent rien de remarquable.

C'est là que siégent la cour Royale et le tribunal de première instance. Les départemens de la Gironde, de la Dordogne et de la Charente, composent le ressort de la cour Royale. Cette cour est divisée en quatre chambres, et composée de cinq présidens et de vingt-cinq conseillers. — Le tribunal de première instance est divisé en trois chambres, deux pour les affaires civiles, l'autre pour les affaires de police correctionnelle.—Quatre-vingt-douze avocats sont inscrits au tableau.

La porte du Palais de Justice qui débouche sur la rue des Ayres, fait face au Grand-Marché. Le dessin que nous donnons, représente sur le premier plan une partie des *couverts* où les marchands étalent chaque jour les denrées qui servent à l'approvisionnement de la plus grande partie de la ville; ces *couverts* règnent autour du marché et servent principalement aux bouchers et aux marchands de poissons; des tables de marbre ont été établies dernièrement dans la partie destinée à la poissonnerie et cette amélioration desirée depuis long-temps doit contribuer à la salubrité publique. Le grand marché a été fondé en 1800.

Église Saint-Paul.

L'église Saint-Paul dépendait aussi de la maison professe. Elle fut consacrée dans une fête solennelle, le 22 mars 1676.

Le portail, composé de pilastres d'ordre corinthien, est chargé d'ornemens du plus mauvais goût de cette époque. On remarque à l'intérieur de l'Église, derrière le maître autel, une statue en marbre blanc que les uns disent être celle de Saint-Ignace, fondateur de la congrégation des jésuites, d'autres celle de Saint-François-Xavier, apôtre des Indes. Cette œuvre a été attribuée à Michel Ange Slodz, mais il paraît plus probable qu'elle est due au ciseau de Guillaume Courton. On dit que cet artiste qui désirait vivement se faire connaître, exécuta cette statue à l'âge de vingt-six ans. Le saint, les groupes d'anges qui l'entourent, et les épais nuages sur lesquels ils s'appuyent, ont été taillés dans un seul bloc de marbre.

Deux grands autels placés dans les chapelles latérales, sont loin certainement d'être d'un goût très-pur; mais l'exécution n'en est pas sans mérite.

La coupole est ornée d'un tableau à l'huile, peint par M. J.-P. Alaux.

Place du Marché aux Veaux.

Quelques anciennes maisons bâties en bois, restes du vieux Bordeaux, donnent à cette place un aspect assez pittoresque. Ces sortes de contructions qu'on voit encore en très-grand nombre dans la Bretagne et dans quelques parties de l'Aquitaine, et surtout en Espagne, ont souvent quatre ou cinq siècles d'existence. Elles sont bâties avec des poutres liées ensemble dont les vides sont garnis de terre ou de briques; des poutrelles qui relient les poutres principales, sont disposées obliquement et donnent à ces vieilles maisons un extérieur bizarre; leurs divers étages surplombent à mesure qu'ils s'élèvent et une distance de quelques coudées seulement sépare les étages supérieurs des maisons opposées; leurs hautes toitures se terminent en angles aigus et les pignons tournés du côté de la rue appartiennent à la façade principale. On trouve quelques-unes de ces maisons décorées de riches sculptures, d'ornemens découpés avec délicatesse et de statues en bois qui sont de véritables chefs d'œuvres. La nécessité de la défense exigeait alors que les rues fussent étroites et tortueuses et les antiques constructions de ces rues sombres offrent souvent dans leurs dispositions dues au hasard des combinaisons d'un effet pittoresque qu'on ne rencontre plus dans les villes modernes. Cette architecture du vieux temps représente fidèlement une époque douloureuse où la société fut bouleversée par des luttes et des révolutions fréquentes, mais où la vie sociale fortement accidentée a empreint tous ses actes d'une couleur dramatique et d'une vigoureuse poésie. Vitré en Bretagne,

Vittoria en Espagne, Nuremberg en Bavière, Nordhausen en Prusse, ces villes conservées jusqu'à nos jours à peu près telles qu'elles furent bâties jadis et que M. Michelet appelle les *Pompéï* du moyen âge, sont aujourd'hui les restes les plus curieux d'une civilisation passée demeurés intacts au milieu des sociétés nouvelles.

Les antiques demeures de nos pères deviennent de plus en plus rares dans notre ville; on les démolit pour faire place à des constructions monotones, ou par des restaurations maladroites on leur enlève leur caractère primitif. C'est à la Rousselle qu'on voit encore ces vieilles maisons réunies en plus grand nombre. Celles qui forment l'encoignure des rues de la Chapelle et du Pont-Saint-Jean, l'encoignure des fossés de Bourgogne et de la rue des Faures, présentaient encore, il y a quelques années, un ensemble assez complet; mais depuis peu on les a défigurées en les restaurant.

Une maison de la rue Neuve, dont quelques détails indiquent l'ancienneté, jouissait autrefois d'un privilège qui l'a rendue célèbre; aucun officier de justice ne pouvait arrêter le malfaiteur qui s'y réfugiait, car à cet hôtel était attaché le droit d'asile qu'on appelait ici *Sauvetat*. C'était l'habitation des anciens seigneurs du Soley.

Une maison qui fait le coin des rues d'Enfer et du Cerf-Volant, était signalée en 1810 par M. Bernadau, comme ressemblant encore à une vieille église; elle a aujourd'hui complétement changé d'aspect, mais on voit encore sur les murs extérieurs les traces d'anciennes ogives. C'était l'hôtel d'une famille distinguée, connue sous les noms de Beguey, Dailhan et Lansac et qui est appelée dans nos vieux titres *Taula et Mayson noble de Beguey*.

Il y a dans cette maison, dit l'historien que nous venons de citer, une salle souterraine au milieu de laquelle est un pilier supportant la naissance d'une voûte qui ressemble assez à celle d'une chapelle; une cave pratiquée dans l'épaisseur de l'ancien mur de ville, contient diverses pierres artistement sculptées. On y voit aussi des ruines que quelques personnes supposent être celles de la fontaine d'Ausone, célèbrée par ce poéte sous le nom de *Fons Divona*; mais d'autres prétendent que cette fontaine était située du côté de la tour de Pey-Berland.

La maison située rue des Bahutiers, n° 4, quoique d'une date plus récente, est certainement la plus curieuse qu'il y ait dans notre ville. Elle a une façade unique en son genre et nous lui consacrerons un article particulier.

La Porte-Caillau,

CONNUE SOUS LE NOM DE PORTE DU PALAIS.

On a dit que ce monument, un des morceaux les plus élégans de l'architecture du XV° siècle que l'on trouve à Bordeaux, est un ancien arc de triomphe, élevé en l'honneur de Charles VIII, à l'occasion de la bataille de Fornoue; mais ceci n'est point affirmé d'une manière précise dans l'histoire de la Colonie; notre historien dit d'abord que ce monument était une porte de ville, puis il ajoute dans un style obscur et filandreux : « c'est en mémoire de cette victoire que les Bordelais, faisant édifier les deux tours de la Porte-Caillau, *commencées la même année*, que se donna cette fameuse bataille, *qu'en les finissant* ils firent placer dans une niche artistement travaillée, au-dessus du centre de l'arceau de la Porte-Caillau, la statue du roi Charles VIII en relief, telle qu'on la voit aujourd'hui avec la couronne impériale. » il paraîtrait d'après ce passage de *l'histoire curieuse et remarquable de Bordeaux*, que ce monument, commencé en 1494, n'était autre chose qu'une nouvelle issue ouverte dans nos murs, et que la ville ne le consacra qu'après coup, lorsqu'on l'achevait, à l'heureux vainqueur de l'Italie.

La statue de Charles VIII, conservée intacte pendant trois cents ans, ne fut renversée que dans la révolution de 89, en haine peut-être de l'ancienne monarchie, ou plutôt en haine de la religion catholique, car il est probable que ceux qui la détruisirent, la prenaient pour une

statue de quelque saint du calendrier. » Déjà même du
» temps de la Colonie, le peuple avait perdu le souvenir du
» monarque en l'honneur duquel elle avait été élevée et
» ne s'y arrêtait que pour croire que c'était une ancienne
» image qu'on y avait placée par fantaisie de dévotion. »

Voici les vers que fit un poëte du temps à la louange
du roi après le haut fait d'armes de Fornoue ; on n'a pas
conservé le nom de l'auteur de cette naïve poésie :

> L'an mille quatre cents quatre-vingts
> Quatorze, je Charles huitiesme,
> De Naples à Fornoue vius,
> Où par trahison pasle et blême,
> M'assaillirent Vénitiens,
> Romains, Lombards, Italiens,
> Qui étaient bien quatre-vingts mille ;
> Mais plus vaillant que Camille
> L'espée au poing dehors me mis,
> Avec ma petite famille.
> De François, par façon gentille,
> Et defismes nos ennemis.

La Porte-Caillau est généralement connue sous le nom
de Porte-du-Palais, qui lui vient de l'ancien Palais de
l'Ombrière, situé jadis près de cette porte.

Caserne des Fosses.

Cet édifice ou plutôt l'emplacement sur lequel il est bâti, a subi des destinations bien diverses; là, s'élevait au douzième siècle un prieuré destiné à nourrir et loger les pèlerins de Saint-Jacques; or, voici à quelle occasion eut lieu cette fondation religieuse.

Guillaume, le père d'Éléonor, le dernier duc d'Aquitaine, prit parti pour Anaclet contre Innocent, chassa de leur siége et remplaça par des intrus, les évêques de Poitiers et de Limoges, qui tenaient pour Innocent. Lorsque celui-ci fut rétabli dans la chaire pontificale, il donna mission à Saint-Bernard de Clairvaux, de ramener à l'unité de l'église, les provinces occidentales de la France, qui s'étaient déclarées en faveur du schisme. Le saint missionnaire obtint un plein succès à Nantes et à Tours, mais arrivé à Poitiers, il ne put vaincre l'opiniâtreté de Guillaume.

Un jour de dimanche, Bernard célébrait une messe: après la consécration, le Saint prit l'hostie et se tournant vers Guillaume, l'adjura par trois fois devant son rédempteur, de sortir d'une erreur qui ne pouvait lui être suggérée que par le démon, de rentrer dans le sein de la véritable église, et de rappeler sur leurs siéges les évêques de Poitiers et de Limoges. Le duc sommé de répondre, dit qu'il y penserait: mais dans la journée même le doyen du chapitre fit démolir l'autel sur lequel saint-Bernard avait officié, et le pieux missionnaire eut à se retirer dans la ville de Tours.

Peu de temps après, le doyen pris d'une fièvre chaude, se coupa la gorge; et renversé par sa mule, l'évêque de Limoges, se cassa la tête.

De tels évènemens touchèrent le cœur de Guillaume, qui résolut de donner au monde un grand exemple de pénitence.

Il régla les affaires de sa famille, donna à Éléonor la Guienne et le Poitou, et nomma sa seconde fille Alis, héritière de ses autres seigneuries ; puis vêtu en pèlerin, accompagné de deux domestiques et de son secrétaire, Dalbert, il partit pour Saint-Jacques au temps du carême 1137.

Arrivé en Galice, le duc remit son testament à ses fidèles serviteurs avec ordre de le porter au roi de France; puis après leur avoir fait jurer d'exécuter ses volontés, et de garder à jamais le secret dont ils allaient être dépositaires, il leur enjoignit d'annoncer sa mort, et de faire célébrer ses funérailles. — Libre de tous les liens qui l'attachaient au monde, accompagné seulement du jeune Dalbert, Guillaume alla terminer ses jours dans un hermitage du Mont-Liban, où il mourut en odeur de sainteté. Tel est le récit de la légende.

Guillaume, en passant par Bordeaux, sa capitale, s'occupa de divers établissemens religieux, et fonda le prieuré de Saint-Jacques, dans le champ appelé *le Mirail*, situé hors des murs de la ville. Cet hospice était non seulement destiné aux pèlerins, mais on devait encore y recueillir les enfans exposés, et les élever jusqu'à l'âge de raison.

« Cet hôpital, dit l'historien la Colonie, fut donné en 1575
« aux révérans pères jésuites, sous les mêmes conditions,
« excepté néanmoins l'article des enfans exposés, qu'on
« leur supprima, et qu'en effet la charge serait trop pe-
« sante si elle subsistait encore, et à la charge, pour faire
« l'équivalent des enfans exposés, que ces révérends pères
« tiendraient gratuitement collège ouvert de toutes les

« classes pour l'instruction de la jeunesse de la ville et de
« la province, qui voudraient s'y présenter, pour les élever
« aux belles lettres et à la religion, dont ils s'acquittaient
« avec une parfaite exactitude. »

Ce local laissé libre par l'expulsion des jésuites devint plus tard le siége de la municipalité et prit le nom d'Hôtel-de-Ville. Par suite d'un échange fait avec l'Etat contre l'ancien Palais-Royal, cet édifice vaste, mais peu remarquable, est devenu une caserne d'infanterie.

École Navale de Mousses et de Novices. — Gymnase Français.

L'école des mousses est certainement une des institutions les plus intéressantes de notre ville, et c'est la seule de ce genre qu'il y ait en France ; elle est dûe à MM. Laporte, frères, anciens officiers de la marine.

L'état manque de marins et pour compléter les équipages de nos vaisseaux, il a fallu, par une nouvelle loi du recrutement, prendre des jeunes-gens désignés par le sort et qui restés étrangers à la navigation jusqu'à l'âge de vingt ans, deviennent difficilement de bons marins.

D'un autre côté, les enfans appartenant aux classes pauvres, livrés au vagabondage sur nos quais, sollicitaient en vain une place dans ces nombreux navires qui peuplent notre rade, parce qu'ils étaient entièrement privés d'instruction et qu'ils manquaient souvent des vêtemens les plus nécessaires pour un voyage maritime ; l'humble fonction de mousse était fort recherchée et réservée presque exclusivement aux enfans des familles assez riches, pour compléter plus tard leur instruction et les destiner aux grades supérieurs.

MM. Laporte frères, conçurent alors l'idée généreuse d'appliquer au travail les enfans oisifs et de former une école de mousses, qui devint une pépinière de matelots instruits pour notre marine marchande et pour notre marine militaire ; le but posé, ils le poursuivirent avec persévérance et leur zèle leur fournit les moyens d'exécution.

Au mois de décembre 1836, l'école fut établie dans l'ancienne église de St-Siméon, qui servait jadis de magasin. Les appareils habituels de la gymnastique, un atelier de garnitures, un pont à roulis, une vergue mobile avec ses agrés, un mât de brick avec son gréement complet, une collection d'armes à feu et d'armes blanches de différentes grandeurs, et des instrumens de pêche; tel fut, avec quelques accessoires, le premier matériel de l'école qui s'augmente chaque jour. Dans la partie supérieure de l'édifice ont vient de figurer l'entrepont d'une frégate de premier rang, et avant peu un brick avec tous ses mâts, voiles et agrés, sortant de terre jusqu'à la lisse, s'élèvera dans l'établissement pour recevoir son jeune équipage.

Il faut avoir vu manœuvrer ces petits enfans, pour se faire une idée de l'adresse et de la précision qu'ils déployent dans leurs exercices. Dès le matin ils descendent de leur hamac, vêtus d'une vareuse et d'un large pentalon, coiffés d'un petit chapeau ciré, ils arrivent en ordre au travail; chacun se rend à son poste fixé d'avance, et au coup de sifflet du contre-maître tous se mettent à l'œuvre; les uns se livrent aux premiers exercices de la gymnastique qu'on leur enseigne à leur entrée à l'école; d'autres montent sur la vergue, qu'on agite en divers sens à l'aide de deux cordes, et là, comme s'ils étaient en pleine mer, ballotés par le vent et le roulis d'un navire, ils déployent et serrent la voile, et prennent des ris; d'autres encore, placés au mât, exécutent toutes les manœuvres qu'on leur commande, avec le même ordre et le même ensemble qu'à bord d'un vaisseau. Sur des modèles en petit de différens bâtimens, on leur explique la destination et l'emploi de chaque cordage, et les mouvemens qu'ils devront exécuter plus tard; enfin, un brick appartenant aux MM. Laporte, est amarré en rade et les enfans y sont envoyés tous les jours par divers détachemens pour compléter leur instruction. Ce navire est monté nuit et jour de plusieurs enfans destinés à porter des secours en cas de sinistre dans la rade. Pendant l'hiver de 1836, les glaces avaient coupé les amarres de quelques navires qui se trouvèrent alors dans une situation dangereuse ; les mousses de l'école s'empressèrent de les secourir et déployèrent dans cette circonstance une intrépidité qu'on ne trouve qu'à cet âge.

Outre ces enseignemens de l'éducation professionnelle, on leur donne des leçons d'écriture et de calcul.

Je demandai à l'un des directeurs de cet établissement s'il y avait des heures de recréation après les travaux, il me répondit que tous les exercices étaient des amusemens pour leurs jeunes élèves.

C'est ainsi que MM. Laporte frères, ont atteint les beaux résultats qu'ils répètent chaque jour ; ils ont arraché à une oisiveté nuisible à la société et nuisible à eux mêmes, un grand nombre d'enfans, pour les attacher à une industrie productive; par la variété et les courtes séances, dans les exercices ils ont résolu le problème de rendre le travail attrayant pour leurs élèves, et les enfans autrefois inoccupés et vagabonds, se forment en se jouant à une profession utile qui leur fournira des moyens d'existence pendant toute leur vie.

Les succès maintenant assurés de l'école des mousses se développent de plus en plus ; 68 élèves en étaient sortis en 1836, en 1837 près de 500 élèves ont pris la mer et bientôt l'école pourra fournir chaque année six ou sept cents élèves à la marine.

Un établissement d'une si haute utilité méritait d'attirer l'attention et la bienveillance des autorités administratives. Le conseil municipal, le conseil général, la chambre de commerce de notre ville, le ministère de la marine et de l'instruction publique ont accordé des fournitures et des subventions pécuniaires qui ont été employées avec sagacité et l'académie royale de Bordeaux, a décerné une

ÉCOLE DES MOUSSES.

médaille de grand module à MM. Laporte frères, directeurs et fondateurs de cette nouvelle institution.

Le même établissement renferme aussi une école de gymnastique établie sur une grande échelle où les jeunes garçons et les jeunes filles reçoivent un enseignement largement conçu, qui a pour but de développer par l'exercice intégral et composé, l'adresse et la force de tous les membres du corps.

Église Saint-Pierre.

C'est bien de tous nos monumens religieux celui qui est le plus complétement obstrué par des constructions informes. La galerie qui surmonte extérieurement le chœur est d'une belle architecture gothique. Le portail de de l'Ouest est encore garni de statues bien conservées, tandis que celui du sud a été dépouillé de ses ornemens. D'après la forme de l'ogive de ces deux portes, qui appartient au gothique fleuri, on peut supposer que l'édifice a été bâti dans le quinzième siècle.

L'intérieur de l'église ne présente rien de remarquable sous le rapport architectural; les voûtes sont sans hardiesse et les piliers sans légèreté. La chaire, due au sculpteur Brunet, est ornée des quatre évangélistes. Le maître-autel et l'autel Saint-Jean, sont les seuls objets d'art importans que renferme cette église.

Le jeu d'orgues est soutenu par une voûte cintrée d'une date récente; une semblable remarque pourrait s'appliquer à la plupart de nos églises; ce qui prouve que les orgues, inventées cependant depuis bien des siècles, n'ont été adoptées dans leurs vastes proportions, qu'à une époque assez rapprochée.

Mont-de-Piété.

I

Les premières institutions de ce genre qui remontent à la fin du 15e siècle, furent établies en Italie; mais les *monts-de-piété* de ce temps, étaient bien différens des monts-de-piété de nos jours. Ainsi que l'indique le nom, la charité religieuse présida à leur origine; c'est aujourd'hui un véritable impôt qui pèse sur le peuple. Les usuriers, *juifs* pour la plupart, exploitaient avec une dureté qui est passée en proverbe, la situation des classes pauvres que la misère mettait à leur discrétion; pour venir au secours des malheureux qui étaient obligés d'emprunter à usure et même de vendre leurs vêtemens, des chrétiens charitables conçurent la généreuse pensée de fonder des établissemens pieux, qui prêtassent de l'argent moyennant un nantissement et un modique intérêt.

Le plus ancien mont-de-piété fut fondé à Padoue, en 1491, en même temps que l'on faisait fermer douze banques de juifs, qui y exerçaient une usure excessive.

Ces maisons recevaient en gage toutes sortes de bijoux, de meubles et d'effets. Il y avait des priseurs qui estimaient ces gages et l'on prêtait jusqu'aux deux tiers du prix de l'estimation. S'il ne s'agissait que d'une valeur de trente écus, la somme était prêtée sans intérêt pendant dix-huit mois. Si l'on avait besoin d'une plus forte somme, on payait un intérêt de 2 pour 100 par an. Après dix-huit mois, les effets mis en gage, étaient vendus à l'encan. Le mont-de-piété prélevait le montant de ses avances et gardait le surplus pour être remis aux propriétaires lorsqu'ils viendraient à le réclamer.

Ce genre d'établissement se propagea bien vite dans toute l'Europe, principalement dans les villes du nord; l'introduction de ces maisons de prêt a été plus tardive en France, mais l'intérêt de l'argent prêté par les monts-de-piété, fut fixé à un taux bien plus élevé que l'ancien, et qui ne montait à rien moins qu'à 15 pour 100. Les fonds nécessaires à leur service à Paris et dans les villes principales, avaient été créés par la voie d'emprunts et rapportaient d'assez forts bénéfices pour que le conseil en réduisît l'intérêt à 10 pour cent, par un arrêt de l'année 1777.

Pendant la Révolution, la remise gratuite d'un grand nombre de gages fut ordonnée par les lois du 4 pluviose an II et du 1er pluviose an III. La dépréciation du papier monnaie, que les monts-de-piété furent obligés de recevoir en remboursement des sommes prêtées, empêchèrent bientôt ces établissemens de continuer leur service. Ils furent rétablis en l'an XI sur les nouvelles bases d'après lesquelles ils sont actuellement régis.

L'administration de ces établissemens est confiée aux commissions administratives des hospices des lieux où ils sont situés. Le service est fait par un directeur comptable qui a sous ses ordres des employés chargés de l'évaluation des objets, de l'engagement et du dégagement, du classement et de la recherche des gages, etc. Un contrôleur est chargé de surveiller les opérations. Tous les employés sont assujettis à un cautionnement dont ils reçoivent l'intérêt. Les fonds affectés au service des monts-de-piété sont les cautionnemens des employés, ceux des receveurs des hospices et des bureaux de bienfaisance, les capitaux et les revenus disponibles de ces mêmes établissemens. Les bénéfices des monts-de-piété appartiennent aux hospices des villes où ils sont établis, leurs comptes et leurs budgets sont réglés dans la même forme que ceux des hospices.

A Paris le mont-de-piété prête à 12 pour 100, et la somme de ses prêts s'élève annuellement à 20 ou 22 millions; les hospices en retirent un bénéfice de 400,000 fr. par an.

On sait que ce sont surtout les classes pauvres qui ont recours à l'emprunt onéreux des monts-de-piété; les sommes immenses qu'ils vont y verser goutte à goutte refluent, il est vrai, dans les établissemens destinés au soulagement des pauvres, mais c'est là ce qu'il y a d'étrange dans l'institution des monts-de-piété, dont la noble origine a été si tristement méconnue par des administrations inhabiles: c'est aujourd'hui un véritable impôt prélevé sur les malheureux pour secourir les malheureux et de toutes les manières de percevoir un impôt, il n'en est aucune qui soit plus odieuse, parce que dans ses nombreuses complications elle entraîne une déperdition considérable des capitaux qu'elle met en mouvement et parce que tout en pesant cruellement sur le peuple, elle revêt une hypocrite prétention à la bienfaisance et à la générosité.

Le Mont-de-Piété de la ville de Bordeaux, a été créé par arrêt du préfet du département de la Gironde, en date du 15 fructidor, an IX, confirmé par décret du 30 juin 1806.

Tour de l'Horloge et Saint-Eloi.

Toute institution humaine forte et durable, trouve un symbole architectural qui la révèle aux yeux des contemporains, qui la perpétue dans le souvenir de la postérité : l'Egypte nous a légué ses pyramides, la Grèce ses temples élégans, l'empire Romain son colisée, le catholicisme ses cathédrales gothiques. Les communes, ces républiques bourgeoises du moyen âge, ont aussi laissé debout sur le sol des monumens de leur existence : la double tour de notre Hôtel-de-Ville s'élève encore parmi nous comme un témoignage des franchises que nos ancêtres surent conquérir et conserver au milieu des populations asservies.

La vieille municipalité Bordelaise, dont ce monument nous atteste l'ancienne splendeur, se distingua des autres communes par sa durée, par la force et l'originalité de ses institutions. On peut avec vraisemblance lui assigner une origine Romaine; Bordeaux forma un *municipe* sous les vainqueurs des Gaules. Or à l'époque de la grande invasion, les peuples de l'Aquitaine urent peu mêlés de barbares, les Wisigoths s'étant retirée au-delà des Pyrénées et les Franks ayant négligé de s'établir dans ce pays; quelques traditions Gallo-Romaines purent donc se conserver, et plus tard modifiées et développées par mille circonstances, elles ont fourni le germe de notre municipalité.

L'existence communale de Bordeaux se compléta sous les ducs de Guienne et sous les rois d'Angleterre; les uns et les autres se montrèrent pour notre ville des suzerains bienveillans et Bordeaux se développa à l'égal des cités de Flandre et des villes anséatiques.

Les documens positifs nous manquent jusqu'au quinzième siècle ; ainsi nous ne saurions dire l'origine précise et les transformations successives de nos institutions communales; ce que nous savons c'est quelles étaient fortes, c'est que le peuple croyait fermement à ses libertés; car le pouvoir central dépensa pour les détruire deux siècles d'efforts et de persévérance, et le bourgeois de Bordeaux consentit le dernier à passer sous le niveau de l'unité nationale.

Le jour que l'étendard fleurdelisé flotta sur nos tours l'indépendance communale fut en péril ; ce que n'avaient pu tenter les ducs de Guienne trop faibles, les rois d'Angleterre trop éloignés, la maison de France devait l'accomplir, car là vivait la force centralisante.

Charles VII, par la bouche du comte Dunois son lieutenant, jura sur la croix et les saints évangiles de conserver les privilèges, libertés, lois, coutumes, observances et usages de Bordeaux et du Bordelais ; mais il établit en même temps dans la capitale de la Guienne un parlement, juridiction royale qui devait rivaliser d'influence avec le maire et les jurats. — Sans doute l'esprit d'indépendance fut contagieux pour le parlement et ce corps lutta plus d'une fois avec énergie contre la cour de Paris et ses représentants. Mais il ne démentit pas son origine et servit la royauté soit en amenant des transactions après les émeutes communales, soit en offrant un centre de ralliement à la haute bourgeoisie qui se détachant du peuple se prépara à subir la première le joug de l'unité nationale. Malgré ce principe de mort, le résultat définitif devait se faire long-temps attendre ; la municipalité de Bordeaux, qui avait une vie forte ne pouvait s'éteindre qu'après de violentes convulsions.

La descente des Anglais commandés par Talbot et l'insurrection de la Guienne favorisèrent les desseins de la cour de France; après la bataille de Castillon, Bordeaux perdit tous ses priviléges; sans doute le roi les rétablit plus tard, mais ils avaient perdu le prestige de l'inviolabilité.

Louis XI nous fut favorable : pressé d'abattre la féodalité, ce prince s'alliait volontiers à la bourgeoisie; le pouvoir royal avait tout à craindre de la coalition des grands vassaux et fort peu de l'existence isolée des communes.

La gabelle, établie par François 1er, était devenue sous son successeur un impôt fort onéreux, en 1548 des troubles survinrent en Guienne et en Saintonge ; un chef nommé Talmagne, qui parcourait ces provinces à la tête de cinquante mille insurgés, lia des intelligences dans Bordeaux, et alors éclata cette sédition furieuse dans laquelle le lieutenant du roi, Tristan de Moneins fut mis à mort: le parlement et la haute bourgeoisie n'avaient participé que forcément à cette émeute ; néanmoins le connétable de Montmorency qui avait mission de venger la royauté, n'épargna aucune classe ; il entra dans Bordeaux par la brèche, bien qu'on lui en eut remis les clés, brûla les priviléges de la ville suspendit le parlement fit condamner à mort plusieurs jurats, et livra dans une seule nuit cinquante victimes aux bourreaux. Puis le roi apaisé rendit à la ville tous ses priviléges.

Cette tactique de la cour n'est pas sans analogie avec la politique du sénat de Rome, qui façonnait au joug de longue main les pays qu'il voulait réduire à l'état de provinces.

Les troubles religieux arrêtèrent bientôt les progrès de l'autorité royale; alors les seigneurs purent guerroyer, indépendans comme aux plus beaux jours de la féodalité, et les communes crurent voir dans la ligue une vaste association démocratique; cependant, malgré la sympathie du peuple pour quelques prédicateurs fougueux, malgré une sanglante imitation de la Saint-Barthélemy, Bordeaux n'adhéra pas à la Sainte-Union, le parlement et le gouverneur parvinrent à maintenir cette ville dans une constante neutralité.

En 1635, un impôt sur les hôteliers et les cabaretiers, causa parmi le peuple une émeute redoutable; le vieux duc d'Epernon gouverneur de la Guienne ne triompha des mutins qu'après un combat opiniâtre, il enleva de vive force plus de dix barricades. Son fils eut a soutenir une guerre sérieuse et longue, elle commença en 1649, et devait durer plusieurs années. Le parlement et les jurats sont d'abord à la tête de la lutte et lui impriment un mouvement régulier. Ces troubles correspondent pour l'époque à la guerre de la Fronde; mais malgré le rôle que jouent les princes de Condé et de Conti dans les mouvemens de la Guienne, malgré l'alliance que contracte le parlement de Bordeaux avec celui de Paris, ces deux événemens n'ont pas le même principe: les intrigues de quelques courtisans sont la cause première des événemens de Paris, tandis qu'ici l'indépendance provinciale et la Liberté de la commune mettent les armes aux mains des bourgeois et du peuple; aussi, tandis que les troubles de Paris ne présentaient qu'une parodie mesquine de la ligue, l'insurrection de Bordeaux avait revêtu le noble caractère d'une guerre sérieuse. Quand le parlement et les bourgeois lassés eurent abandonné la partie, l'association populaire de l'Ormée s'empara du mouvement, ses chefs résistèrent encore long-temps et plus tard ils payèrent seuls au vainqueur la dette de la sédition.

Plus tard des droits établis sur la marque de l'étain et sur le papier timbré soulevèrent encore les passions; mais le mouvement fut concentré dans le menu peuple, car le parlement et la bourgeoisie avaient abdiqué toute prétention d'indépendance; ce fut le dernier effort de la commune expirante, la royauté qui s'était montrée tolérante après des insurrections autrement graves, demeura cette fois-ci inexorable; c'est qu'elle n'avait plus ces grande existences nobiliaires à redouter et qu'elle pouvait sans péril, écraser les villes sous le niveau de son pouvoir incontesté.

Le maréchal d'Albret exécuteur de la sentence de mort portée contre la commune de Bordeaux, fit abattre 500 toises de nos murailles.

Cet édifice ennobli par tant de souvenirs, où demeure encore suspendue la cloche municipale, qui dit nos joies et nos allarmes et nous annonce aux jours d'élection que nous avons des devoirs à remplir; cet édifice fut construit à l'époque de la domination anglaise et porta d'abord le nom de *Tour St-James*. Cette dénomination et cette origine ne doivent point réveiller en nous un sentiment pénible, la Guienne était échue par droit d'héritage à la maison des Plantagenets, et les Gascons ne se laissèrent jamais traiter en vaincus par des suzerains étrangers. La commune de Bordeaux ne fut jamais plus puissante qu'à cette époque ; le monument qu'elle éleva se composait d'abord de quatre tours, c'est ainsi, que, surmonté du lion doré; on le représente encore dans les armes de notre ville. Le donjon du levant fut démoli lors de la construction de l'église Saint-Eloi, et celui du couchant a du disparaître pour la régularité.

L'église Saint-Eloi appartient à la dernière période du style ogival; elle est composée de la nef et d'un bas côté, ne présente et par conséquent aucune symétrie. Le portail, construit en 1828, s'accorde fort bien avec l'architecture du monument; nous n'en saurions dire autant du maître-autel et des ornemens ajoutés au chœur, qui, placés dans un édifice gothique, forment le plus lourd contre-sens.

Eglise et place Saint-Projet.

Voici encore un monument consacré jadis au culte catholique et qui maintenant se trouve livré à des usages profanes et industriels ; une fabrique de plomb a été établie dans le saint lieu, mais si la religion a perdu un asile sacré, l'art n'a rien à déplorer dans cette perte ; l'église St-Projet n'offrait rien de remarquable. Il y a quelques années un étage a été ajouté à la tour pour l'utilité du propriétaire et de sa manufacture.

A coté de l'église est une fontaine qui fut commencée en 1711, et qui après une interruption des travaux, ne fut continuée qu'en 1737. Les ornemens de cette fontaine sont dûs au sculpteur Wanderworth.

On remarque encore sur la place St-Projet, une petite croix gothique, fort élégante, ornée de jolies figurines qui ont été restaurées avec soin.

Octroi.

Les revenus des villes sont de deux sortes. — Elles disposent, en premier lieu, du produit des biens fonds dont elles sont propriétaires. — Lorsque ce produit ne s'est pas trouvé suffisant pour subvenir à l'acquittement des charges dont les villes étaient tenues, elles ont demandé au souverain de les autoriser à lever sur elles-mêmes certains droits ; et c'est ce qui a été appelé *Octrois*.

Ces octrois furent établis suivant les facultés, le commerce, les productions et le territoire de chaque ville ; ces concessions variaient à l'infini ; la plupart remontaient à une époque fort reculée et la perception n'en était réglée que par les beaux précédents et par l'usage.

Ces établissemens reçurent de l'ordonnance de 1681, un caractère régulier et uniforme. Ils furent supprimés par une loi de 1791 ; et la faculté d'imposer à l'entrée les objets de consommation fut de nouveau accordée aux villes, par une loi du 9 germinal an v.

Néanmoins l'octroi de Bordeaux ne fut rétabli que le 23 nivose an vii. Depuis cette époque la perception des droits d'entrée n'a jamais été légalement suspendue, mais elle est restée interrompue forcément aux jours de révolution ; peu partisan de ces sortes de taxes, le peuple de notre ville s'est rappelé, en 1814 comme en 1830, ce cri des vieux Bordelais : *vive le roi sans gabelle !* Il a brûlé quelques bureaux de perception ; mais en définitive force reste toujours à la loi.

OCTROI.

Aucun édifice public n'est attribué à l'administration de l'octroi, celui qu'elle occupe en ce moment appartient à M. Fieffé ; il a été bâti sur l'hôtel de la Loterie. Le nouvel hôtel présente une façade régulière, on trouve à l'intérieur une cour spacieuse; mais on peut critiquer les bâtimens qui l'entourent.

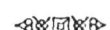

Bazar Bordelais.

La Galerie Bordelaise et le Bazar Bordelais, sont deux établissemens d'un genre nouveau pour notre ville, qui n'ont pas présenté les heureux résultats qu'on en espérait.

Le Bazar a été construit en 1835, par M. Thiac, sur l'emplacement de l'hôtel Saige, entre les rues Sainte-Catherine, Grand et Petit-Cancera et l'impasse de la Merci. Mais les propriétés particulières qui l'avoisinent s'enchevrêtent autour de cet édifice d'une si étrange façon, que pour percer la galerie principale et la faire déboucher en ligne droite dans la rue Ste-Catherine et celle du Petit-Cancera, il a fallu donner une obliquité choquante au murs de cette galerie, qui ne forment pas angle droit avec le mur de façade. Nous aurons à observer dans nos plus beaux édifices modernes bien des défauts aussi graves en architecture et qui ont toujours été imposés à l'artiste par la mauvaise disposition des lieux, l'entêtement des propriétaires voisins et quelquefois l'inintelligence des administrations. C'est ainsi que l'architecte Louis, qui voulait placer la façade principale et l'entrée de son théâtre du côté de la rivière, comme l'indiquait naturellement la disposition du terrain, fut obligé, contre toutes les règles du goût et les indications du plus simple bon sens, de retourner son édifice en sens inverse, pour obéir aux exigences administratives.

La galerie principale du Bazar conduit à de magnifiques salles destinées à l'exposition et à la vente des produits. Une galerie de magasins règne autour de la salle principale et se répète au premier étage, mais la plupart de ces magasins sont restés vides.

Cet établissement avait donné dans son origine les plus belles espérances qui ne se sont point réalisées; une vaste salle où l'on devait donner des bals nombreux et brillans, n'a reçu qu'un petit nombre de personnes; une salle construite selon toutes les convenances nécessaires à sa destination, où nos artistes devaient se faire entendre devant un public ami des arts, avait à peine été ouverte pour quelques concerts, qu'un incendie fatal la détruisit et elle n'est plus aujourd'hui qu'un reste de décombres. Une compagnie qui s'était formée, pour l'exploitation de de cet établissement nouveau, fut obligée de se dissoudre et l'industrie eut à supporter des pertes considérables; d'immenses capitaux sont malheureusement enfouis dans ce vaste édifice et le mauvais succès de cette tentative a détourné beaucoup de capitalistes des essais industriels qui se préparaient dans notre cité.

Douane, Bourse et Place Royale.

Bordeaux était autrefois entourée d'une enceinte de murs qui l'enveloppait entièrement; mais le temps ayant détruit une grande partie de ces fortifications, elles n'étaient plus d'aucune utilité pour la sûreté de la ville, et n'offraient partout qu'un assez triste aspect; du côté de la rivière, des petites maisons de chétive apparence fort irrégulièrement construites, adossées sans ordre aux murs de la ville, étaient loin d'en embellir l'extérieur; les jurats projetèrent donc de décorer la ligne que forme notre port d'une suite de monumens dignes de notre grande cité. Le 2 janvier 1728, ils décidèrent : 1° qu'une porte de ville serait ouverte au bout de la rue Chai-des-Farines, afin de lui procurer une issue sur le port ; 2° qu'il serait construit une ligne de maisons uniformes depuis la Porte St-Pierre jusqu'à celle du Chapeau-Rouge, et qu'il serait formé, au-devant de la Porte-Despaux, une place publique au centre de laquelle on érigerait une statue au roi régnant. — C'était alors Louis XV.

Un arrêt du conseil, du 7 février 1730, homologua cette délibération. Le célèbre architecte Gabriel, qui avait déjà fourni des plans d'embellissement pour plusieurs villes de France, avait été envoyé par le gouvernement pour étudier le projet conçu par leur jurats de Bordeaux. Ce fut lui qui donna les plans et dessins pour la construction des édifices de la place Royale. Quelque faibles que fussent les ressources dont elle pouvait disposer, la jurade fit néanmoins commencer les travaux et le 8 août 1755 elle posa, dans une cérémonie solennelle, la première pierre du piédestal sur lequel devait s'élever la statue équestre de Louis XV.

On voit donc qu'on a eu tort de dire que la place Royale était une des conceptions de M. de Tourny, puisque cet administrateur ne prit le gouvernement de la Guienne que dix ans après la fondation de cette place; l'honneur en appartient à notre jurade, il faut le lui laisser.

La statue de Louis XV fut placée sur son piédestal en 1745. Le roi était représenté avec le costume antique, comme Louis XIV sur la place des Victoires à Paris. Le sculpteur Lemoine donna le modèle de la statue qui fut coulée en bronze, par Varrin; l'ouvrage était tout d'une pièce, fondu d'un seul jet et pesait quarante milliers. Le piédestal en marbre blanc avait dix-huit pieds de hauteur; les ornemens en furent achevés en 1765; des trophées militaires étaient groupés aux angles du monument la face antérieure portait l'inscription suivante :

Ludovico XV, sœpe victori, semper pacificatori;
suos omnes, quam latè regnum patet,
paterno pectore gerenti;
suorum in animos penitùs habitanti.

On lisait, sur la face opposée, le nom des officiers municipaux sous l'administration desquels la statue avait été érigée. Les deux faces latérales étaient ornées de bas-reliefs dont l'un représentait la bataille de Fontenoy et l'autre la prise de Port-Mahon. Ces deux faits d'armes furent choisis en l'honneur du maréchal de Richelieu, qui s'y était distingué et qui avait été gouverneur de la ville.

Ce monument fut renversé par le peuple, le 22 août 1792. Le monarque et le cheval ont été convertis en monnaie; mais les deux bas-reliefs échappés à la destruction sont conservés dans le muséum de la ville.

Les ailes et les ailerons des édifices construits sur la place Royale, furent destinés à l'Hôtel de la Bourse et à l'Hôtel des Douanes.

La Bourse de Commerce de la ville de Bordeaux, autorisée par un édit de 1571, se tenait autrefois dans un hôtel, situé place du Palais; ce fut M. de Tourny qui conçut l'idée de transporter, dans ce nouveau local le lieu de réunion des négocians de notre ville.

La salle du rez-de-chaussée, où se tient aujourd'hui la Bourse, était autrefois une cour ouverte aux vents et à la pluie; la chambre de commerce la fit fermer par une voûte élégante, qui, percée de quatorze lanternes vitrées, laisse passer le jour dans l'intérieur de la salle; cette voûte s'élève à 72 pieds au-dessus du sol; les murs sont décorés d'emblêmes relatifs au commerce et portent le nom des contrées du globe où s'étendent nos relations commerciales; deux cadrans, placés en face l'un de l'autre, indiquent les heures et les différentes aires de vent, au moyen d'un mécanisme ingénieux dont la justesse a été sanctionnée par l'expérience.

Autour de la salle règne une suite d'arcades occupées par des marchands et des changeurs de monnaie.

De vastes salles, situées au premier étage, sont destinées aux ventes publiques des navires et des marchandises en gros. Le tribunal et la chambre de commerce tiennent aussi leurs séances dans ce même local. On admire le grand escalier garni d'une belle rampe, éclairé par de hauts candelabres et décoré de peintures à fresque.

On sait que la Bourse de Bordeaux est une des plus belles de l'Europe.

L'Hôtel des Douanes parallèle à celui de la Bourse est situé au côté sud de la place Royale. Quoique disposés à l'intérieur sur des plans bien différents, ces deux magnifiques hôtels sont parfaitement semblables dans leur construction extérieure et forment les deux pavillons extrêmes de la suite d'édifices qui composent la place; un troisième pavillon semblable est placé au centre de cette belle ligne, et l'on regrette l'ancienne statue qui complétait la décoration de ce magnifique morceau d'architecture.

Deux vastes débarcadours, divisés en deux branches, ont été établis par les soins de la chambre de commerce, en face de la place Royale, et les navires viennent avec la plus grande facilité opérer leur déchargement auprès de la Douane et de la Bourse. Trois appareils servent à enlever les marchandises de la cale des bâtimens avec un emploi de forces peu considérables; à l'aide d'un chemin de fer un homme, et même un enfant suffit, ensuite pour transporter les plus lourds fardeaux à l'extrémité du débarcadour, où deux pavillons construits depuis peu reçoivent provisoirement les marchandises.

Entre les deux débarcadours, un bel escalier descend jusqu'à la rivière et forme un point de ralliement où mille petites barques viennent apporter ou recevoir les nombreux promeneurs, qui, pendant l'été, parcourent en tous sens notre beau fleuve.

Ce point de notre rade, vu du milieu de la rivière, présente un aspect des plus pitoresques; c'est un tableau complet dans ses détails et dans son ensemble; les belles lignes des édifices de la place Royale, harmonieusement coupées par les trois pavillons, dessinent le fond du tableau et se détachent vigoureusement sur le ciel; au devant, les débarcadours s'avancent baignant leurs mille pieds dans l'eau qui les reflète, et les barques nombreuses qui se croisent de tous côtés et déployent au soleil leurs voiles éclatantes, forment un premier plan plein de vie et d'animation. On croirait vraiment avoir devant soi une des brillantes pages de Canaletti.

porte Dijeaux.

Ainsi que nous l'avons dit, en parlant des portes Bourgogne, de la Monnaie et des Capucins, M. de Tourny fit abattre les anciennes issues fortifiées de Bordeaux, pour les remplacer par des portes nouvelles, en harmonie avec les besoins nouveaux de la cité. La Porte-Dijeaux était aussi un antique bastion autour duquel étaient adossées de vieilles échoppes, de petits jardins et un cimetière à l'usage des hôpitaux. M. de Tourny conçut l'idée de convertir en une place publique le terrain qui s'étendait en face de cette porte ; mais l'archevêque, qui était seigneur de cette terre, s'opposa à l'exécution de ce projet. Après une lutte assez longue dans laquelle le prélat mit une opiniâtreté et une avarice peu évangéliques, le gouverneur finit par l'emporter et il lui fut permis de doter la ville d'une place également remarquable par son étendue et par les magnifiques constructions qui l'entourent.

La Porte-Dijeaux a reçu ce nom d'un ancien temple de Jupiter, qui, au temps des romains, était situé non loin de là. Cette porte, telle qu'elle est aujourd'hui, ainsi que la Porte-Dauphine, qui n'existe plus, furent commencées en 1746.

Musée.

Le musée se compose de trois salles à peu près d'égale grandeur; l'une est consacrée aux plâtres moulés d'après l'antique, les deux autres renferment les tableaux que possède la ville.

L'an xi de la république, sur les sollicitations de M. Lacour fils, le gouvernement fit don à la ville de Bordeaux de quarante-cinq tableaux d'un grand prix parmi lesquels se trouvent les toiles les plus remarquables de la collection actuelle. Durant la restauration, MM. Lainé, de Martignac et de Peyronnet, obtinrent ausssi du gouvernement quelques tableaux modernes qui figurent aujourd'hui dans notre musée; enfin l'acquisition du cabinet du marquis de Lacaze, mit la ville en possession de la plus riche galerie de la province. Charles X offrit spontanément en cette circonstance une somme de 40,000 francs prise sur sa cassette, pour mettre un terme aux hésitations du conseil municipal qui refusait d'acquérir au prix de 60,000 francs, une collection estimée plus de 200 mille francs. Depuis la révolution de juillet le musée n'a reçu du gouvernement que deux tableaux une marine de Gudin et un paysage de Jollivart; la ville est redevable de ce dernier tableau envoyé depuis peu, à la sollicitude de M. de Pressac. On nous avait promis deux petits bronzes l'un d'après le Moïse de Michel-Ange, la plus belle statue des temps modernes, et l'autre d'après le Milon de Crotone de Pujet; ce dernier seulement nous a été accordé.

Sous l'administration de M. Linch, maire de Bordeaux, la galerie des tableaux fut transportée en même temps que l'école de dessin, le Musée d'histoire naturelle, l'académie des sciences et la société de médecine, dans l'hôtel de l'académie royale, rue Saint-Dominique, où se trouvait déjà la bibliothèque.

Ce fut M. de Tournon, qui donna le premier l'idée de placer le Musée des tableaux, rue Montbazon ; il sollicita et obtint en faveur de la ville, la cession des salles affectées aujourd'hui à ce Musée. On avait alors eu la pensée de rapprocher du même établissement l'école de dessin, mais le local ne s'y prêtant pas, il fallut y renoncer.

Les tableaux que possède la ville, furent long-temps laissés dans un état d'abandon honteux pour une grande cité qui se dit amie des arts ; dépourvus de cadres, appendus au hasard contre les murailles humides, ils demeuraient cachés sous leurs vernis enfumés et noircis ; il était difficile de reconnaître dans cet état déplorable les magnifiques chefs-d'œuvres dûs au pinceau des plus grands artistes. Mais l'administration municipale a enfin compris qu'on ne pouvait laisser périr ainsi cette belle collection, qui outre les avantages qu'elle offre à nos jeunes artistes et l'honneur qui rejaillit sur le possesseur intelligent de ces belles peintures, vaut encore, commercialement parlant, la somme ronde d'un million de francs. La restauration des tableaux a été confiée aux soins de M. Meunier, qui a su leur restituer leur premier éclat et rendre à notre admiration ces toiles que l'on aurait pu croire perdues pour toujours. Bien des tableaux attendent encore la même rénovation, et nous ne doutons pas que l'on ne continue sans relâche l'œuvre utile qu'on a commencée.

Parmi les tableaux les plus remarquables de notre Musée, on doit citer une *femme adultère* du Titien. Cette toile est d'une fraîcheur étonnante, on dirait qu'elle est sortie depuis peu de l'atelier du peintre. Le Titien n'a jamais fait un tableau où le coloris soit plus ferme, les chairs plus vivantes, les physionomies plus expressives. On admire surtout deux têtes de vieillards qui sont certainement des plus belles qu'on puisse trouver dans l'œuvre du Titien.

Une famille d'Andréa del Sarto, est un monument précieux de cette époque de transition où la peinture abandonne les raides contours et la couleur uniforme de l'art du moyen âge, sans avoir encore acquis cette rectitude de dessin, cette rigueur de coloris, ce relief du modelé et cette science profonde de la lumière qui distinguent les œuvres des grands-maîtres, au XVIe siècle.

Notre Musée renferme encore une *adoration des bergers*, que l'on attribue à Rembrant ; mais qui n'est peut-être pas de ce peintre. Les bergers sont des flamands qui vêtus du costume de leur pays, viennent adorer le Christ, dans une étable de Flandre ; il ne faut point chercher dans ce tableau cet idéal et ce reflet divin qui caractérisent les œuvres de Raphaël ; mais la vérité humaine ne s'est produite nulle part avec une puissance plus frappante. La vierge porte dans ses traits fatigués, l'expression d'une douleur poignante, qu'elle supporte avec une résignation sublime ; les chairs molles et blanches du Christ enfant qui vient de naître, présentent un contraste habilement rendu, avec le teint coloré, la peau rude et brunie des pasteurs. Le berger qui est à genoux devant le berceau de l'enfant, contemple son Dieu sauveur avec une religiosité naïve et touchante, tandis que ses compagnons témoignent par leurs gestes, l'admiration et l'étonnement qu'ils éprouvent devant le mystère qui vient de s'accomplir. Ce tableau est une légende du moyen âge, il en a les défauts et les beautés ; les personnages divins de cette scène si souvent reproduite, le Christ et la vierge, n'ont pas ce grandiose et ce caractère surhumain que leur donnent ordinairement les peintres ; mais on ne saurait dire toute la poésie pénétrante qui rayonne ici de la vérité matérielle, de la traduction physique et vulgaire de ce grand mystère de l'incarnation. C'est véritablement là un Dieu fait homme, né d'une fille d'Eve, avec toutes les douleurs et toute la faiblesse de la nature humaine.

Deux tableaux, attribués par les uns à Ribera, par d'autres à Caravache, peuvent être rangés parmi les plus beaux que renferme notre Musée. Nous ne devons pas omettre deux petits tableaux de Rubens, où l'on trouve toute la verve et la fougue de ce grand artiste, non plus qu'un grand portrait de Van-Dyck, auquel la restauration a rendu toute sa fraîcheur primitive.

Parmi les tableaux modernes nous signalerons seulement un Tobie, de M. L. Paillères; un naufrage, de M. Gudin, et un paysage, de Jollivard. Nous passons le reste sous silence pour n'avoir point à faire de critique.

Château-Royal. — Hôtel-de-Ville.

Le Château-Royal, qui sert aujourd'hui d'Hôtel-de-Ville, a subi bien des destinations diverses.

Il fut édifié en 1778 pour servir de résidence à l'archevêque.

En 1791, l'administration départementale y fut établie et ce monument devint plus tard le siége de la préfecture.

Napoléon y logea en 1808 et en fit un Palais-Impérial.

A la restauration, il fut désigné sous le nom de Château-Royal.

En 1851, il fut distrait de la liste civile et devint propriété de l'état. La ville en fit l'acquisition pour y transporter les bureaux de la mairie, qui y furent établis en 1855. L'ancien Hôtel-de-Ville, situé sur les Fossés, fut cédé en échange du Château-Royal et converti en caserne.

Notre nouvel Hôtel-de-Ville est précédé d'une cour fermée par un péristyle élégant. Au milieu du péristyle est une belle porte d'entrée au-dessus de laquelle on a placé récemment un écusson aux armes de la cité. On entre dans l'intérieur par un large perron, sur lequel s'ouvre le vestibule. Un grand escalier en limaçon, conduit aux appartemens supérieurs qui sont vastes et bien disposés. Un beau jardin fort bien planté, cultivé avec soin, orné de bosquets touffus, fermé par une grille en fer, décore le derrière du monument et donne sur les allées d'Albret. La colonne élevée dans l'allée principale de ce jardin était autrefois surmontée d'une statue de la renommée qui avait été tirée du château de Cadillac.

C'est dans un des corps latéraux de cet édifice qu'est placé le Musée de la ville, nous en parlerons dans un article spécial.

Porte-Basse.

C'est le nom de l'ouverture étroite et irrégulière qui donne passage de la rue des Lois dans celle du Peugue. Le mur au travers duquel elle est pratiquée, est-il de construction romaine ? C'est ce que nous ne saurions affirmer ; mais du moins il se trouve sur l'emplacement de l'enceinte primitive de Bordeaux.

Bien des opinions ont été émises sur l'origine de la Porte-Basse, nous ferons connaître les deux principales.

Les uns veulent que ce soit une issue pratiquée lors de la construction des murs, à l'époque romaine, et qui présentaient alors beaucoup plus d'élévation, mais, disent-ils, le terrain s'est trouvé depuis successivement exhaussé et la Porte a dû, en hauteur, diminuer d'autant. Il est vrai qu'un fait pareil se rencontre souvent dans nos villes : c'est ainsi que la Porte-d'Auguste, à Nîmes, présente fort peu d'élévation. Mais comme la partie du mur qui fait l'objet de cet article n'offre aucun ornement architectural, nous penchons pour l'explication suivante :

L'enceinte de Bordeaux ayant été agrandie, on perça cette issue pour mettre l'ancienne ville en communication avec une rue nouvelle. Cette opération fut exécutée à une époque où l'art de bâtir était tombé dans une décadence complète, et rien dans cette ouverture irrégulière ne décèle l'architecture savante des romains.

Au reste, si la Porte-Basse présente aux savans un sujet de controverse, tous conviendront qu'elle ne saurait offrir aux artistes un sujet d'admiration.

Clocher de Pey-Berland.

Un archevêque de Bordeaux, Pey-Berland, posa, en l'année 1440, les premiers fondemens de cette magnifique tour qui a conservé son nom.

Pey-Berland ou Pierre Berland est un des hommes qui ont le plus honoré l'épiscopat de notre ville. Né gardeur de brebis, il fut fait chanoine de Saint-André, puis archevêque de Bordeaux; il figura au concile de Pise; il fut député par les états de Guienne auprès de la cour d'Angleterre; il reçut les plus grands honneurs civiques en même temps qu'il fut élevé aux plus hautes dignités de l'église, et toute sa vie fut néanmoins une vie d'abnégation et d'humilité chrétienne, de dévoûment évangélique. La Colonie ne manque pas d'établir un parallèle entre Pey-Berland, le berger du Médoc et Jeanne-d'Arc, la bergère de Domremy, qui tous deux se sont immortalisés par leur mérite et leurs vertus. «Jeanne-d'Arc, montant à cheval pour le bien du roi de France, Pey-Berland, montant sur le siège épiscopal de la métropolitaine de Bordeaux, pour le salut des peuples de son diocèse. »

« Le petit Pey, malgré son bas état, avait dès l'enfance, tant d'inclination pour la vertu et pour apprendre à lire, qu'il trouvait moyen malgré son petit emploi, de se dérober chaque jour, pour aller secrètement à demi-lieu de-là apprendre à lire et à écrire. » Envoyé plus tard à Bordeaux, il se mit chez un bourgeois qui lui donnait la nourriture pour prendre soin de son fils; ce qui fournit au pauvre enfant les moyens de continuer ses études sans être à charge à sa famille. Quand il eut appris tout ce qu'on pouvait apprendre alors à Bordeaux, il lui fallut, pour compléter son instruction, aller à Toulouse où il y avait une université. Il fut obligé cette fois de s'adresser à ses amis qui vinrent généreusement à son secours ; Pey-Berland de retour à Bordeaux, se fit bientôt distinguer par ses vertus et par son savoir. L'archevêque de Bordeaux le prit alors pour son secrétaire et l'emmena avec lui au concile de Pise. Un canonicat de Bordeaux étant venu à vaquer pendant son absence, l'archevêque l'en fit néanmoins pourvoir ; mais Pey-Berland qui avait un extrême désir de visiter les saints lieux, alla faire ses dévotions à Jésuralem. Après ce pélerinage, il revint à Bordeaux et fut pourvu de la cure de Bouillac. « Dans cette cure et dans le chapitre, il donna tant d'édification par sa doctrine et par sa sainte vie, que l'archevêché étant venu à vaquer, il fut élu tout d'une voix dans le chapitre qui, dans ce temps-là, avait le droit d'élection, sous la domination de l'Angleterre, malgré les nombreux et puissans compétiteurs, il fut confirmé dans cette dignité, avec beaucoup de joie, par le pape Martin V, qui l'avait pris en grande amitié, étant secrétaire de l'archevêque de Bordeaux, François, au concile de Pise, en 1430. »

Quand Pey-Berland fut archevêque de Bordeaux, il se souvint des difficultés qu'il avait éprouvées pour terminer ses études dans notre ville ; il employa sa pressante médiation auprès du pape Eugène IV, pour faire instituer une université dans le chef-lieu de son diocèse, ce qui lui fut accordé. L'université de Bordeaux fut créée en 1441, à l'instar de celle de Toulouse, et Pey-Berland en fut le premier chancelier.

Plein du souvenir de ses premières souffrances, il se montra prévoyant pour les mêmes douleurs et dans cette pensée, il fonda, en 1442, le collége St-Raphaël où devaient être élevés douze jeunes-gens qui se seraient distingués dans la théologie. Ces jeunes-gens devaient être de la contrée du Médoc, où lui-même était né. Ce collége s'est appelé depuis le Petit-Séminaire, et enrichi par les donations de personnes pieuses, il reçoit aujourd'hui gratuitement un grand nombre d'élèves; mais douze places y sont réservées de préférence aux enfans du Médoc, en mémoire de sa première institution.

Ce fut en 1443 que Pey-Perland, cédant aux prières des états de Guienne, se rendit à la cour d'Angleterre, pour représenter la triste situation de la Province, et implorer des secours. Mais plus tard, quand Charles VII, eut chassé les anglais du territoire de France, et quand il fut devenu maître de la Guienne, ce digne prélat, à la tête de tout son clergé prêta serment de fidélité à son nouveau souverain et lui demeura inviolablement attaché. Il signa le traité de capitulation, qui fut passé le 12 juin 1451, et confirmé par le roi Charles VII, huit jours après, à St-Jean-d'Angély.

Le clergé qui, au milieu des désordres de la guerre, s'était affranchi des règles sévères de l'ancienne disciplines, vivait alors dans une immoralité déplorable; Pey-Berland, assis sur le trône épiscopal, se servit de son autorité et de l'influence que lui conciliaient sa piété et ses vertus pour opérer de salutaires réformes; fidèle aux principes de la charité chrétienne, il se montra plein de sollicitude pour les pauvres, leur distribuant d'abondantes aumônes, veillant avec une attention paternelle aux nécessités des orphelins et des veuves. Il fonda à ses dépens un hôpital pour les pauvres, dans le faubourg St-Seurin, et sa bienfaisance généreuse s'étendait jusque sur les pauvres honteux, que son aumônier était chargé de rechercher avec soin dans toute la ville; partout où il y avait une souffrance à soulager, son active piété était toujours prête à lui prodiguer les secours et les consolations religieuses.

Tant de vertus, tant de dévoûment et d'amour pour les fidèles confiés à son zèle évangélique, lui avaient valu l'affection de tous les habitans de la ville ; aussi, lorsque le seigneur Olivier de Coitivy, grand Sénéchal de Guienne, commandant pour le roi dans Bordeaux, osa chasser ce digne prélat de son palais épiscopal, la population se souleva tout entière et malgré l'autorité du commandant elle replaça solennellement l'archevêque dans son palais.

Enfin, le saint homme, accablé d'années, d'infirmités et de travaux, fit cession de son archevêché entre les mains du cardinal Davin, l'an 1456, et se retira dans son collége de St-Raphaël, où il passa le reste des ses jours en pénitences et prières continuelles. Après cette vie pieuse et pleine de nobles actions, il rendit son ame à Dieu, le 17 janvier 1457, dans la chambre principale du collége qu'il avait fondé.

Eglise St-André,

La cathédrale de Bordeaux est parmi les monumens que le catholicisme a élevés en France, un de ceux où l'art chrétien se révèle avec le plus de grandeur et de pureté.

L'édifice fut commencé en 1251; les travaux languissaient sans doute, car le pape Clément V, jaloux de la splendeur de son ancien diocèse, accorda en 1305, des indulgences qui provoquèrent de nombreuses libéralités. Néanmoins cette œuvre immense est demeurée incomplète, et l'on sent, comme l'a dit M. de Montalembert, que pour l'achever la foi a manqué.

Cependant Saint-André n'est point un monument tronqué, une tête sans corps, comme les cathédrales de Toulouse et de Narbonne; ici une seule partie manque, c'est le portail du couchant; pour la nef, qui n'égale pas le chœur en beauté, elle ne présente pas du moins une disparate choquante.

Une étude complète de cette église serait un travail de longue haleine, car si elle vous étonne par sa masse, elle vous captive, elle vous absorbe par ses innombrables et capricieux détails. Lorsqu'on vient de contempler ces merveilles du moyen âge, on se sent pris d'un sentiment pénible à la vue des chefs-d'œuvre de l'art contemporaint. A la grande époque catholique il ne s'agissait pas de faire fortune sur un devis ou d'exécuter un plan par adjudicaion au rabais; la construction d'une cathédrale réclamai une autre pensée et d'autres mains. L'architecte, c'était un théologien pieux, peu jaloux de sa renommée et qui consacrait son existence entière à l'accomplissement d'une seule conception; mille sculpteurs accouraient des monastères pour ciseler le granit et le marbre et quand il fallait mouvoir et dresser ces masses de pierre, le peuple prêtait ses bras forts. Dans l'accomplissement de l'œuvre sainte tous se montraient travailleurs patiens et artistes consciencieux.

Pour mettre quelque ordre dans cette notice, nous nous occuperons dabord de l'extérieur, puis de l'intérieur de l'église.

Vu de l'extrêmité de la places du côté du chœur, l'édifice présente une admirable perspective; il offre un double étage de fenêtres et d'ornemens, les murs des bas côtés forment une ligne brisée et se dessinent à facettes, mille sculptures les décorent, des galeries découpées, des clochetons aigüs les couronnent; ce premier plan est lié à la partie supérieure de l'abside par un système d'arcs, qui s'appuyant d'abord sur des piliers intermédiaires, s'élancent de nouveau pour atteindre les hautes murailles du chœur; un toit d'ardoise termine le tableau. Par un clair de lune ou par un temps de neige, cette partie de notre cathédrale est d'un aspect magique.

Le portail du nord complet et parfaitement conservé, forme un des plus beaux morceaux de cette basilique. De près, vous admirez ces pieux abbés, ces saints prélats qui peuplent ce paradis de pierres, si vous vous éloignez, alors se dessinent à vos yeux la galerie supérieure, les tours qui encadrent le portail, et ces deux flèches jumelles, si légères, si découpées, qui élèvent leur croix de fer à plus de 300 pieds du sol.

Un triangle en maçonnerie occupait autrefois l'espace compris entre les deux tours; renversé par un ouragan, en 1820, il entraîna la chute d'une portion de la voûte; plusieurs personnes furent écrasées sous les décombres.

On voit auprès de la porte du nord une sacristie de construction récente et convenablement décorée; puis vous trouvez sur la place un rang de maisons modernes, bien alignées et bien mesquines, qui masquent tout un côté de la nef. Là, pourtant s'élèvent deux forts pilliers d'où des arceaux découpés s'avancent comme des bras puissans pour soutenir le poids de la voûte. — Ces deux pilliers forment par leur construction un contraste frappant; le premier qui présente par sa forme quelque analogie avec un tombeau, c'est une réminiscence de l'art antique et de l'architecture romaine; l'autre est de style gothique.

L'angle du sud-ouest n'a pas de contre-fort comme le point opposé. A partir de cet angle jusqu'au portail du sud; l'édifice est entièrement entouré de maisons; trois piliers extérieurs demeurent ainsi obstrués, et la nef n'a d'issue que dans un corridor.

Le portail du sud comme celui du nord se présente orné de deux tours, qui ne sont point surmontées de flèches; cette entrée est néanmoins majestueuse; elle forme dans son ensemble le pendant régulier de la porte opposée, et offre toutefois beaucoup de détails différens : l'art gothique sait toujours unir la symétrie à la variété.

Notre conseil municipal a conçu la pensée de débarrasser la cathédrale de toutes les constructions qui l'obstruent; cette basilique apparaîtrait alors telle qu'elle est, œuvre sublime mais incomplète. — Tous les hommes de goût applaudiront à un tel projet, mieux vaut en effet, employer à un pareil travail, les fonds consacrés aux embellissemens de notre ville que créer chaque année un de ces monumens qui témoignent de l'impuissance de notre époque et prouvent à tous que dans un siècle d'égoïsme l'art ne peut rien produire de grand.

L'intérieur de notre cathédrale ne cesse pas d'exciter notre admiration.

Le chœur, de forme demi-circulaire, est d'un magnifique aspect ; entre l'abside qui est très-élevée et les piliers, il existe un rang de fenêtres gothiques, dont les anciens vitraux endommagés ont été remplacés à la fin du dernier siècle, par des châssis plus modernes et moins pittoresques. Une large allée qui règne autour du chœur le sépare des chapelles latérales; ces dernières, toutes de formes différentes, renferment des détails d'architecture fort curieux ; deux tombeaux sont placés symétriquement au rond point du sanctuaire, et dans les chapelles qui l'entourent, on peut en remarquer plusieurs autres. Si l'on excepte un obélisque, élevé à la mémoire d'Antoine de Noailles, gouverneur de Bordeaux, décédé en 1562, chacun de ces monumens funéraires rappelle le souvenir d'un de nos anciens prélats. Là se trouvent inhumés nos deux derniers archevêques.

La principale porte du chœur s'ouvrait jadis sous un jubé, dont M. Bernadau nous fait la description dans les *Antiquités Bordelaises* : « On y admire de très-beaux ouvrages, taillés en demi-relief; d'un côté la descente de Jésus-Christ aux Limbes, d'où il retire les anciens pères; l'autre représente sa résurrection ; le sauveur ressuscitant, un aigle sous les pieds, et des dames pleurant auprès du sépulcre : ces ouvrages, chefs-d'œuvre de l'art, sont de la façon de Michel-Ange. A côté de ces figures, six niches sans statues occupent avec leurs soubassemens, jusqu'aux deux entrées des allées du chœur. » Ce jubé a disparu, une grille en fer le remplace ; ce dernier ornement est digne de figurer auprès du maître-autel, dont la structure romaine présente le contraste le plus choquant avec l'architecture de l'édifice.

Le tranceps a 126 pieds de longueur, il aboutit à la porte du nord et à celle du sud; au-dessus de chacune de ces entrées se dessine une magnifique rosace à vitrage

7.

La nef est d'une construction plus ancienne que le chœur; la partie basse est formée d'arceaux à plein cintre, qui semblent indiquer une époque antérieure au style gothique; deux rangs de fenêtres ogivales et géminées éclairent cette partie de la basilique; l'étage supérieur s'ouvre derrière une galerie élégamment découpée en trèfles; l'orgue est supporté par des arceaux construits en 1731.

La longueur de la nef jusqu'au tranceps est de 66 pieds sur 27 de largeur; la voûte s'élève à 80 pieds du sol: elle est d'une grande hardiesse. La longueur totale de l'église est de 280 pieds.

Cet édifice a subi plus d'un désastre : en 1427, un tremblement de terre renversa en partie la voûte de la nef, et le 25 août 1787, le feu prit à la charpente du chœur et la consuma tout entière; le plomb qui la couvrait fut fondu. On l'a remplacé par des ardoises.

Nous ne terminerons pas cette notice sans prier ceux qui ont mission de veiller à l'entretien de cette belle église de s'abstenir de toute réparation et de toute distribution nouvelle, qui tendraient à en altérer, dans l'ensemble ou dans les détails, le caractère primitif; ce monument n'a déjà souffert que trop d'insultes de ce genre : le vandalisme des badigeoneurs est le pire de tous.

Place Dauphine.

Nous avons déjà dit, en parlant de la porte Dijeaux, que la place Dauphine est une œuvre dont notre ville est redevable à l'administration de M. Tourny, mais que pour l'exécuter il eut à soutenir une lutte contre l'archevêque, qui avait des droits sur cet emplacement, occupé alors par de petits jardins et par un cimetière à l'usage des hôpitaux. M. de Tourny voulut convertir ce terrain en une grande place publique, qui, entourée de constructions nouvelles, devait lier la ville au faubourg Saint-Seurin : l'utilité générale et la salubrité publique y étaient intéressées. Il ordonna donc la formation de cette place, et il autorisa les jurats à acheter les propriétés particulières qu'elle devait embrasser; il désigna en même temps pour nouveau cimetière des hôpitaux, un bien situé à l'entrée du chemin du Tondu, où il a subsisté jusqu'à la révolution.

Mais l'archevêque fit un procès à l'intendant et aux jurats pour la défense de ses droits féodaux. Il prétendait d'abord que la translation du cimetière des hôpitaux ne pouvait se faire sans le concours de l'autorité ecclésiastique. Cette translation, disait-il, n'était pas plus nécessaire que la formation de la place Dauphine, qui en était le prétexte. Puis, passant à ses droits de seigneur, il soutenait que le terrain compris dans la place projetée faisant partie de son fief, il était fondé à réclamer son droit de lods et ventes, la continuation du paiement des cens et rentes auxquels était assujettie cette terre, et une indemnité préalable qu'il fixait à une somme de 150,000 liv.

Les jurats repoussèrent sa demande, soutenant que les acquisitions faites par les communautés pour cause publique ne donnaient point ouverture aux droits de lods et ventes, ni par conséquent aux paiemens des cens et rentes, et qu'il n'y avait pas lieu à accorder l'indemnité réclamée par le prélat, parce que la modification projetée, loin de lui porter préjudice, devait au contraire lui être favorable en augmentant la valeur des terrains de son fief attenans à la place nouvelle.

La contestation fut portée devant le conseil d'état, mais l'historien M. Bernadau, à qui nous empruntons le récit de ces débats, ignore quelle fut l'issue judiciaire de ce procès. Ce qu'il y a de positif, c'est que M. de Tourny n'en fit pas moins continuer les travaux. Mais l'étendue de cette place, le grand nombre et la magnificence des maisons qui en forment le pourtour, ne lui permirent pas de la voir entièrement terminée; elle ne fut achevée qu'en 1770.

La jurade en fit alors l'inauguration solennelle, et posa, au centre de cette place, la première pierre d'une fontaine qui devait y être élevée, mais cette partie du projet de notre grand administrateur ne put recevoir son exécution. Les tentatives qu'on a faites dans ce but ont été jusqu'ici sans succès ; on essaya encore, il y a quelques années, de creuser au milieu de cette place un puits artésien ; soit que les travaux eussent été mal dirigés, soit que les dispositions du sol ne fussent pas propices, l'espoir qu'on avait conçu de trouver une eau jaillissante ne fut point réalisé. Lorsque les différens projets qui ont pour but de fournir à la ville les eaux qui lui sont nécessaires auront été suffisamment étudiés, et que l'un d'eux aura été adopté par le conseil municipal, on y élèvera, dit-on, un magnifique château d'eau.

Maison rue des Bahutiers.

La façade de cette maison est certainement des plus curieuses que l'on puisse voir ; elle est chargée d'ornemens étranges, de sculptures bizarres qui ont exercé la science des antiquaires, et dont le sens caché a reçu des interprétations bien diverses. La maison était encore intacte il y a trente ans, ou du moins M. Bernadau qui en parle dans son *Tableau de Bordeaux*, publié en 1810, ne signalait à cette époque aucune dégradation. Elle avait alors 10 mètres de largeur sur 16 de hauteur, sans compter les combles qui la couronnaient par deux angles aigus ; à chaque extrémité du mur de façade s'élevait une statue de grandeur naturelle, ayant pour socle un vase antique ; l'une tenait à la main une boule, l'autre foulait à ses pieds un bouclier sur lequel était sculpté la tête d'une Méduse ; entre ces statues était un écusson portant un loup qui avait un rameau dans la gueule et paraissait marcher sur un bûcher ; au-dessous étaient un aigle et un agneau.

Tous ces ornemens ont disparu et la plus grande partie de la maison elle-même a été détruite ; il ne reste plus que le corps de logis placé sous le pignon septentrional ; la façade entière était percée de trois fenêtres à chaque étage ; une seule subsiste, mais on voit encore quelques traces de la troisième dans un pan de mur délabré, qui, sans doute, sera démoli avant peu.

La fenêtre qui reste encore au second étage est entourée de cannelures rectangulaires, en usage dans les constructions du XVIe siècle ; celle du premier étage est garnie de torsades qui s'arrondissent aux angles supérieurs et dessinent au dehors un cintre surbaissé. Autour de ces fenêtres sont placés des animaux grotesques, sculptés en demi-bosse.

Les sculptures du rez-de-chaussée sont les plus curieuses; elles appartiennent au corps de logis qui a été conservé; mais elles ont subi bien des dégradations. Ainsi, sur le cintre de la porte d'entrée, au milieu d'un double rang de rosaces, on voit encore un écusson, mais il a perdu les deux (lis), et la tête d'agneau qui le décoraient; deux groupes d'animaux qui ornaient les extrémités du cintre ne sont plus aujourd'hui que des morceaux de pierre informes; ils représentaient une chienne portant son petit sur le dos, et une lionne allaitant un jeune lion. Le couronnement de la porte, formé par quatre petites colonnes en demi-relief, renfermait d'autres écussons entourés d'arabesques qui ont été entièrement détruits; les colonnes du couronnement sont couvertes, les unes de fleurs de lis, les autres de têtes de coqs et d'agneaux. Un large feston se déroule sur la frise en sinuosités régulières dont les intervalles sont occupés par des vases antiques et par des génies sculptés en ronde-bosse; l'un joue du violon, l'autre de la lyre; celui qui est au sud, embouche la trompette, à genoux sur un chien; celui qui est au nord, posé sur une tête de Mercure, tient des pipeaux à la main; au centre est un soleil rayonnant.

Mais ce qu'il y a de plus remarquable dans les sculptures de cette singulière façade, ce sont trois visages formant une seule tête, placés au-dessus d'un triangle bizarre destiné à expliquer ce symbole : au centre du triangle équilatéral est écrit le mot *Deus*, aux angles on lit les mots *pater, filius et spiritus sanctus* ; trois lignes partant du centre *Deus* pour joindre les trois angles, portant écrit le mot *est*, tandis que sur les trois côtés du triangle on a gravé les mtso *non est*, de sorte qu'on lit, en parcourant ce triangle : *le père est Dieu, le fils est Dieu, le saint-esprit est Dieu* ; puis, *le père n'est pas le fils, le fils n'est pas le saint-esprit, le saint-esprit n'est pas le père;* c'est le symbole de la Trinité; un cygne, une femme, des griffons, des anges entourent cet ingénieux tableau.

Tous les antiquaires ne s'accordent pas à voir dans les hiéroglyphes que nous venons de décrire le mystérieux symbole de la Trinité chrétienne. Quelques-uns prétendent que cette tête à trois visages est un Hermès ou Mercure Trimégiste, et que tous les emblêmes qui l'entourent appartiennent à la science occulte. Les alchimistes assurent que cette maison a été la demeure du président d'Espaignet, fameux physicien et alchimiste du xviie siècle, qui se serait complu à décorer cette façade des emblêmes de la grande science ; ils vont même jusqu'à soutenir que celui qui expliquera ces emblêmes aura trouvé le secret de la pierre philosophale. On comprend dès lors les soins que nous avons dû mettre pour conserver aux fidèles ces précieux documens, puisqu'ils peuvent aider à la découverte du grand secret dont nous aurions tant besoin pour changer en âge d'or notre siècle de fer. Quoiqu'il en soit, *Jean* d'Espaignet, qui mourut président au parlement de Bordeaux, le 25 novembre 1679, qui, durant les troubles de la Fronde, défendit vaillamment sa patrie par la plume et par l'épée contre la tyrannie du duc d'Epernon, d'Espaignet fut en son temps un grand philosophe et un grand physicien. Un des premiers en France, il s'efforça de substituer aux futilités de la philosophie péripatéticienne les vérités de la philosophie expérimentale de Bacon ; il publia, en 1623, un *Enchyridion physicœ restitutœ*, qui prouve les progrès que faisait alors l'étude des sciences physiques. Il fit aussi, vers 1666, une grande lunette de 31 pieds de longueur, à l'imitation de celle de l'astronome Auzout; malheureusement il partagea les erreurs des savans de cette époque, et il prétendit expliquer le secret de la pierre philosophale, ce qui a donné lieu aux conjectures des antiquaires sur les ornemens mystérieux de son ancienne demeure.

On assure aussi que les seigneurs de la Lande ont habité cet hôtel au douzième siècle, et qu'ensuite il a été la demeure du sénéchal de Gascogne, jusqu'à l'époque où cette charge fut supprimée, lorsque la ville de Bordeaux passa définitivement sous la domination française. Toutefois cette maison, telle qu'on la voit aujourd'hui, n'est point antérieure au xvie siècle, mais nous ne saurions fixer d'une manière précise la date de sa construction.

Église Saint-Remy.

Cette petite église, presque entièrement cachée par les constructions qui l'entourent, a été convertie en un magasin à l'usage des trafiquans. Jésus-Christ chassa les marchands du temple, et le temple a été de nouveau envahi par les marchands. Ce n'est pas le seul exemple de ce genre, on l'a déjà vu, qui puisse être remarqué dans notre ville et dans toute la France, on rencontre de nombreux monumens, jadis consacrés au service de Dieu, qui se trouvent aujourd'hui livrés au service du commerce ; les lieux saints, abandonnés des fidèles, se sont fermés aux cérémonies du culte, pour s'ouvrir aux travaux de l'industrie, et ce fait seul, qui peut caractériser notre époque, distingue nettement l'ordre social nouveau de l'antique société de nos pieux ancêtres : le zèle religieux a fait place de nos jours à l'activité industrielle.

L'église Saint-Remy ne présente rien de remarquable sous le rapport de l'art; elle fut bâtie au commencement du xvie siècle. Ce fut un évêque *in partibus* qui la consacra, l'archevêque de Bordeaux n'ayant pas encore été ordonné prêtre. Voici l'inscription qui constate ce fait et que M. Bernadau a lue autrefois sur le mur septentrional de cette église :

> Le cler mirouer de sagesse et prudence,
> Que l'on nommait Pierre de Sidounence,
> Lequel, pendant qu'en ce monde était vif,
> Avait état d'Evéque portatif,
> Et à bon droit était au trez sainct lieu,
> De Jean de Foyx, révérend père en Dieu,

ÉGLISE ST-REMY.

De ceste ville archevesque sacré,
A ce sainct lieu et temple consacré,
L'an après mil et cinq cents le douzième,
Du jour de may que l'on compte seizième.

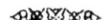

Galerie Bordelaise.

Cette Galerie peut le disputer aux plus beaux établissemens de ce genre qui existent à Paris, mais il est à regretter que le projet primitif n'ait pas été mis à exécution. Tout le pâté de maisons circonscrit par les rues Daurade, Sainte-Catherine, Saint-Remy, et Piliers-des-Tutelles, devait être converti en un vaste Bazar, percé de plusieurs issues, ouvert en divers sens à la circulation. Les exigences outrées et la mauvaise volonté des propriétaires ne permirent pas d'élever ce monument si utile au commerce. La Galerie, telle qu'elle est, débouchant dans la rue Piliers-des-Tutelles et les rues Saint-Remy et Sainte-Catherine, ne répond pas à un besoin essentiel de la population ; aussi elle est restée long-temps sans être fréquentée, et les magasins élégans qu'elle renferme s'ouvraient à peine, qu'ils étaient abandonnés par les marchands. Mais aujourd'hui c'est un lieu recherché par un grand nombre de promeneurs ; le public en s'y rendant, y a appelé le commerce, et le Bazar Bordelais étant entièrement abandonné, on peut croire qu'avant peu la Galerie deviendra, avec *une bonne administration*, un établissement prospère.

La construction d'un édifice de ce genre, au milieu des propriétés particulières, n'était pas sans difficultés. Vers l'extrémité du sud, la Galerie se resserre ; un magasin s'avance d'un côté hors de l'alignement général et n'a pour parallèle que son image reflétée dans les glaces qui lui sont opposées : c'est qu'une maison voisine, rompant le mur de la Galerie, vient faire saillie à l'intérieur, et qu'il a fallu masquer ce défaut par un magasin simulé et faire avancer celui qui est en face, pour obtenir une saillie symétrique.

Les deux entrées garnies de grilles en fer, décorées avec luxe, ornées de colonnes en marbre méritent de fixer l'attention. Les magasins, enrichis de sculptures et de dorures, sont séparés par des glaces qui produisent le plus bel effet. La Galerie est pavée en marbre de différentes couleurs et surmontée d'une charpente en fer qui supporte le vitrage.

Au-dessus des magasins, à l'entresol et au premier étage, des logemens commodes ont été ménagés pour les marchands, et les murs de séparation sont distribués de telle sorte, qu'il serait facile d'arrêter les ravages d'un incendie.

Plusieurs maisons ayant leur façade sur les rues Saint-Remy, Sainte-Catherine, Daurade, Piliers-des-Tutelles et attenantes à la Galerie, ont été construites dans le même temps; elles sont élégantes et simples et font honneur à l'architecte qui les a exécutées.

La Galerie a été commencée en 1833, et ouverte au public le 1er Avril 1834. Ce monument a été fondé par M. M. J.-L. de la Torre, de Yrigoyen, J. Gimet et Caillavet; il a été exécuté sur les plans et sous la direction de M. Durand, architecte de notre ville.

Tous les étrangers visitent cet établissement, dont les magasins sont fournis de marchandises ou d'objets d'art, qui, par leur choix et leur variété peuvent satisfaire le goût le plus exigeant.

L'Archevêché.

Le siége métropolitain de Bordeaux fut établi dans les premiers siècles du christianisme; les prélats qui l'occupèrent prirent le titre d'évêque, puis d'archevêque, et Clément V leur accorda celui de primat d'Aquitaine, que l'archevêque de Bourges continua cependant à partager avec eux. En l'an de grâce 314, on vit prendre place au concile d'Arles, Oriental, évêque de Bordeaux; un siècle plus tard, St-Seurin ou Severin était revêtu de cette dignité; sa mémoire demeura long-temps vénérée parmi le peuple, et l'une de nos plus anciennes églises est placée sous son invocation.

Pendant tout le cours du moyen-âge, l'église de Bordeaux fut puissante et respectée; l'hérésie des Albigeois, qui envahit toutes les provinces du midi, s'arrêta sur les confins de notre diocèse.

Au commencement du xive siècle, Bertrand de Got occupa le siége archiépiscopal de Bordeaux. On sait que, devenu pape sous le nom de Clément V, il concourut à la condamnation des templiers. Il fit construire la collégiale d'Uzeste, où l'on voit encore son tombeau, et acheva le chœur de St-André; il est représenté au milieu de ses cardinaux, sur la porte septentrionale de cette dernière église.

Pey-Berland ou Pierre-Berland, dont nous avons déjà parlé dans un article précédent, fut un de nos plus illustres prélats.

Nommé archevêque de Bordeaux en 1599, le cardinal de Sourdis eut de graves démêlés avec le parlement d'abord, pour avoir excommunié deux conseillers ; plus tard, pour avoir enlevé en personne et de vive force un sieur de Haut-Castel, condamné à mort par cette cour. Le roi de France et le souverain Pontifice furent obligés d'intervenir pour ramener la paix.

Henri de Sourdis, frère et successeur du cardinal, eut avec le duc dEpernon une querelle plus violente encore ; le gouverneur, qui se porta à des voies de fait contre le prélat, fut excommunié et contraint de subir une absolution publique.

Au reste de pareils faits sont exceptionnels dans l'histoire de nos archevêques, qui se sont surtout distingués par leur amour pour la paix.

Au xviiie siècle, nos prélats occupaient encore un palais gothique dont l'architecture devait bien s'accorder avec celle de la cathédrale ; le cardinal de Rohan le fit démolir et remplacer par le bel édifice qui nous sert aujourd'hui d'Hôtel-de-Ville.

Après le rétablissement du culte, M. Daviau occupa un vieil hôtel de forme irrégulière, qui est maintenant transformé en caserne ; à l'arrivée de M. de Cheverus, l'archevêché fut transféré rue Judaïque-en-Ville, dans un local plus convenable.

La Poste aux Lettres.

Les Postes sont une des plus belles institutions modernes; elles ne furent pas entièrement ignorées des peuples de l'antiquité, mais les essais qu'ils en firent demeurèrent imparfaits. Les postes ou stations étaient chez eux des espèces d'hôtelleries ou caravensérails où s'arrêtaient les voyageurs, et dans lesquels ils n'étaient pas toujours sûrs de trouver les moyens de continuer aisément leur route. On dit que Cyrus régularisa ces établissemens chez les Perses; Auguste, chez les Romains, établit des stations où se tenaient toujours prêts de jeunes coureurs chargés de porter ses dépêches dans tout l'empire. Les anciens se servirent long-temps de coureurs à pieds pour transmettre les nouvelles, et ce ne fut que fort tard qu'ils songèrent à employer les animaux pour cet usage. Auguste ajouta à ses coureurs des chevaux et des charriots dans les stations qu'il avait établies. Charlemagne fonda dans son empire des institutions de ce genre qui disparurent après lui. Ce fut Louis XI qui établit en France des postes régulières destinées au service de l'état et des particuliers. Les lettres étaient distribuées dans tout le Royaume par les courriers du Roi. Les particuliers pouvaient aussi se servir des chevaux de poste pour voyager en payant une rétribution. Depuis ce temps, le service des postes s'est beaucoup amélioré et chaque jour on y apporte de nouveaux perfectionnemens. De tous les monopoles qui sont aux mains du gouvernement, c'est bien sans contredit le plus utile, et cette partie de l'administration est habilement organisée.

L'hôtel des Postes à Bordeaux n'offre rien de remarquable sous le rapport architectural.

Allées de Tourny.

« A l'angle nord-ouest de notre ville s'ouvrait une de ses entrées, qui était pratiquée dans une espèce de donjon appelé la porte Saint-Germain. Depuis cette porte jusqu'à une autre, non moins ancienne, qui subsistait sur le port et qu'on nommait la porte du Chapeau-Rouge, s'étendait sur un sol inégal une route large et sinueuse que bordaient d'un côté les murs du jardin des Dominicains et une ligne de vieilles maisons, et de l'autre l'esplanade du Château-Trompette. Cette route était d'autant moins fréquentée qu'elle se trouvait à l'extrémité de la ville, et que deux rues seulement venaient y aboutir. Cependant le terrain que cette route traversait, ayant le port pour perspective, et pour bordures les prairies formant l'esplanade du Château-Trompette, parut à M. de Tourny propre à recevoir une destination qui réunirait l'agréable à l'utile (1). » Les travaux relatifs à ces nouveaux embellissemens furent commencés en 1749. Deux portes nouvelles, remarquables par leur construction élégante, remplacèrent celles de Saint-Germain et du Chapeau-Rouge : toutes les deux ont été détruites depuis long-temps. Une double allée formée de quatre rangs d'ormeaux s'étendit de l'une à l'autre porte. Cette promenade faisait un angle au lieu où se trouve aujourd'hui la place de la Comédie; la moitié en fut supprimée lorsqu'on éleva le Grand-Théâtre et l'îlot du Chapeau-Rouge ; l'autre partie a subsisté jusqu'à ces dernières années dans son état primitif ; mais

(1) Histoire de Bordeaux, de M. Bernadau.

ALLÉES DE TOURNY.

en 1831, la municipalité fit abattre ces vieux ormes mutilés par les ouragans et décimés par un hiver rigoureux.

La façade du nord des allées de Tourny fut construite par les soins de l'habile intendant. Il eut d'abord à lutter contre les Dominicains, qui s'opposaient à ce qu'on élevât des édifices contigus au mur de leur enclos ; puis il eut à vaincre un obstacle plus puissant : le directeur des fortifications de la province s'opposa à toutes les constructions projetées, soutenant qu'elles gêneraient les batteries du Château-Trompette. On sait que ce fort était destiné à réprimer l'esprit d'indépendance de la population bordelaise. Le ministre, pour tout concilier, permit de bâtir, mais détermina la hauteur des édifices ; c'est pour cela qu'ils offrent si peu d'élévation.

La plupart des maisons qui composent la ligne opposée ont été élevées depuis la démolition du Château-Trompette. Il est fâcheux qu'on ne les ait pas soumises à un plan régulier, car cette ligne présente des disparates choquantes.

Depuis que les allées ont été abattues, l'espace qui sépare les deux façades, et qui a la forme d'un rectangle d'une longueur démesurée, semble réclamer une destination nouvelle. Les statues de Montesquieu et de Montaigne qu'on veut y placer ne suffiront pas pour combler le vide; il nous semble qu'il serait convenable d'élever au milieu une fontaine ou un jet d'eau, et de rétablir, sur les côtés, des allées plus étroites que les anciennes et dont les arbres seraient tenus à une hauteur déterminée, comme ceux du Palais-Royal à Paris. Une pareille disposition atténuerait le contraste que présentent les deux façades, et ce long espace, inabordable pendant les chaleurs, deviendrait une promenade agréable.

LA POSTE AUX CHEVAUX.

La Poste aux chevaux est une institution qui dépend du ministère de l'intérieur. Les Maîtres de poste sont nommés par le gouvernement et astreints à lui fournir les chevaux nécessaires au service des dépêches et des courriers de l'État. Les chevaux de poste sont mis aussi à la disposition des simples particuliers, qui ne peuvent toutefois s'en servir qu'en se conformant, pour le nombre et le prix, à un tarif rigoureux établi par l'administration. Ces institutions, de date moderne, et dont l'organisation est encore imparfaite dans plusieurs contrées de l'Europe, offrent en France le moyen de voyager, si non le plus économique, au moins le plus accéléré. Le rapide *rail-way* de l'Angleterre et des États-Unis, importé chez nous depuis quelques années seulement, n'y a point encore été appliqué sur une grande échelle.

La poste aux chevaux est située rue de Condé, près du Grand-Théâtre. On y trouve à toute heure des chevaux et des courriers pour quelque destination que ce soit.

M. Dotézac, maître de poste, a aussi organisé dans son établissement un service de voitures publiques pour le midi de la France. Les points principaux de correspondance sont : Agen, Toulouse, Tarbes et la ligne des Pyrénées.

HOTEL DE LA PRÉFECTURE.

Les fossés du Chapeau-Rouge sont, non-seulement une des plus belles rues de Bordeaux, mais encore une des plus remarquables qu'on puisse trouver dans aucune ville. On ne saurait comparer cette rue si vaste et le quartier qui l'avoisine qu'aux rues magnifiques qui entourent à Paris la place Vendôme. La partie nord des fossés du Chapeau-Rouge est une suite d'hôtels splendides qui furent construits, il y a environ soixante ans, en même temps que s'élevait le Grand-Théâtre. Parmi ces édifices, d'une architecture élégante et grandiose, l'hôtel de la Préfecture mérite surtout d'être mentionné. Ce fut autrefois la demeure d'un riche particulier, M. Saige, qui le fit bâtir d'après les dessins du fameux Louis, architecte du Grand-Théâtre. La façade, percée de neuf croisées, ornée de riches sculptures, décorée de balcons en pierre, est d'un style pur et élégant; la cour, garnie d'un péristyle intérieur, offre deux issues, et les voitures qui entrent par les fossés du Chapeau-Rouge sortent sans se rencontrer par la rue de la Comédie, près du Grand-Théâtre; les appartemens sont vastes, mais leur nombre et leur distribution ne suffisent pas au besoin du service administratif. Aussi l'on a souvent parlé de construire un édifice spécial pour la Préfecture de notre département; mais les dépenses qu'exigerait l'exécution de ce projet en ont empêché jusqu'ici la réalisation.

PLACE DE LA COMÉDIE. — MAISON GOBINEAU. — DILIGENCES ET MESSAGERIES.

La Place de la Comédie est entourée d'édifices d'une architecture élégante et grandiose. Sur l'un des côtés s'ouvre le péristyle du Grand-Théâtre, formé de douze colonnes, surmonté d'un riche entablement et couronné de douze statues colossales ; ce morceau est du plus bel effet. Les maisons qui sont en face, celles qui commencent les fossées du Chapeau-Rouge et de l'Intendance, sont dignes d'être placées à côté de ce magnifique monument. Il serait difficile de trouver un ensemble plus parfait et d'une plus pure harmonie.

Cette place est véritablement le centre de la ville ; c'est là que viennent aboutir toutes les communications, toutes les relations de notre grande cité. Aussi les voitures publiques ont choisi ce point de réunion pour la commodité des voyageurs et des étrangers. La rue Gobineau, la chaussée de Tourny du côté du nord et le cours du Trente-Juillet forment un triangle sur lequel s'élève le bel édifice connu sous le nom de maison Gobineau ; c'est là qu'est placé le bureau des messageries royales. Celui des messageries Laffitte et Caillard est établi sur la chaussée de Tourny, du côté du nord. On sait que ces deux grandes entreprises desservent presque toute la France et que leurs relations s'étendent même à l'étranger. Elles ont chaque jour des voitures qui partent pour Paris à cinq heures du soir en été, à trois heures en hiver.

Les messageries Rouennaises sont situées sur le cours du Trente-Juillet, en face des messageries royales. Outre le service qui parcourt les lignes du nord, elles ont encore des voitures qui exploitent le midi de la France et correspondent principalement avec Toulouse et Agen.

Les bureaux de l'établissement de M. Dotézac, dont nous avons déjà parlé, se trouvent aussi sur le cours du Trente-Juillet, près du café Montesquieu.

Sur le côté de la place de la Comédie qui appartient aux fossés du Chapeau-Rouge, sont établies les messageries françaises, qui desservent les routes de Paris et de Lyon. Les voitures de cette entreprise qui vont à Paris, partent de Bordeaux le matin; les voyageurs ne passent ainsi que deux nuits en route.

BANQUE DE BORDEAUX,
Rue Esprit-des-Lois.

Les banques sont des institutions créées par le génie industriel des nations modernes. Les premiers établissemens de ce genre furent fondés à Gênes, à Venise, à Amsterdam, à Hambourg, dans le quinzième et le seizième siècle ; la banque de Bordeaux ne fut établie qu'en 1818.

Les avantages et les dangers que peuvent offrir les banques ont été un long sujet de discussion pour les économistes, et c'est un point de la science qui n'est point encore fixé. Néanmoins, les banques se multiplient dans toutes les formes, sur tous les points commerçans du globe, et l'on s'efforce d'en augmenter le nombre en France.

Il y a trois sortes de banques :

Les banques de dépôt, qui reçoivent, moyennant un droit de garde, l'argent monnayé ou en lingot qui leur est confié. Elles font sur ces dépôts des avances en billets ou en espèces ; mais elles ne peuvent mettre dans le commerce l'argent qui leur a été livré, ni s'en dessaisir en aucune façon.

Les banques d'escompte. Un commerçant peut ne pas avoir en caisse l'argent monnayé dont il a immédiatement besoin ; mais s'il a en portefeuille des titres et engagemens formels de la part de ses débiteurs, des effets de commerce exigibles à une date peu éloignée, si ses débiteurs offrent des garanties de solvabilité, s'il est lui-même assez riche pour qu'on puisse compter sur ses propres engagemens, alors il peut trouver un possesseur de capitaux qui lui fera l'avance des sommes qui lui sont dues, moyennant un intérêt plus ou moins élevé. Les banquiers font métier d'avancer ainsi des espèces aux commerçans; les banques d'escompte remplissent la même fonction.

Enfin les *banques à billets ou de circulation* qui ne sont autre chose qu'un moyen de fabriquer de l'argent avec du papier. Ces sortes de banques, après avoir réuni un capital numéraire, plus ou moins considérable, émettent des billets pour une somme trois, quatre ou cinq fois supérieure à leur capital, selon les statuts qui leur sont accordés par le gouvernement. Tant que le public y met sa confiance, ces billets ont la même valeur que l'argent comptant.

La banque de Bordeaux se livre aux trois sortes d'opérations que nous venons d'indiquer.

Elle fut fondée avec un capital de trois millions en monnaie métallique, divisés en trois mille actions de mille francs.

Elle est autorisée à émettre des billets pour une somme triple du capital numéraire formant sa caisse de réserve; mais elle n'a jamais usé de cette faculté qui lui est accordée par ses statuts. La somme de ses billets en circulation ne s'élève guère au-delà de treize millions, et elle retient ordinairement dans sa caisse une somme de six millions. Avec une telle prudence, elle se trouve toujours en mesure de suffire aux besoins du commerce, même dans les momens de crise; elle jouit sur la place de la plus grande confiance.

Le mouvement de ses escomptes roule ordinairement sur une somme de 100 millions par an. L'intérêt de l'escompte est de cinq pour cent. Elle ne reçoit point de billet dont l'échéance excède quatre mois sur Bordeaux et cent jours sur Paris.

La moindre coupure de ses billets est de cinq cents francs.

La banque est administrée par un conseil composé de douze régens et de trois censeurs, tous nommés par l'assemblée générale des actionnaires. Leurs fonctions sont triennales. Les régens et les censeurs choisissent parmi eux un président et un secrétaire dont les fonctions ne durent qu'un an.

GRAND-THÉATRE.

Le souvenir de M. de Tourny était encore récent dans notre ville ; les maisons qu'il avait fait élever servaient de modèle à celles que voulaient bâtir nos bourgeois, et celui qui méditait un grand édifice devait porter les yeux sur les pavillons de la Bourse et de la Douane, quand l'arrivée du célèbre Louis vint marquer dans l'histoire monumentale de Bordeaux le commencement d'une ère nouvelle : le Grand-Théâtre et surtout les beaux hôtels, dus à cet habile architecte ont, en effet, servi de type à la plupart des édifices qui décorent nos beaux quartiers.

Le Théâtre contigu à l'Hôtel-de-Ville avait été brûlé en 1755. M. de Tourny pressa la jurade d'en faire élever un autre dans un lieu où l'incendie eut de moins graves inconvéniens. En attendant, il mit à la disposition du public la salle des Concerts qui dépendait de l'hôtel de l'Intendance (1). Un Théâtre fut élevé sur l'emplacement qu'occupe aujourd'hui celui des Variétés ; mais c'était un édifice provisoire qui ne présentait aucun caractère monumental.

En 1773, le gouvernement accorda à la ville, sur la partie méridionale de l'esplanade du Château-Trompette, le vaste emplacement occupé aujourd'hui par l'île du Chapeau-Rouge et par le Grand-Théâtre. L'architecte

---

(1) On voyait encore, il y a peu d'années, le mur de façade de cette salle, incendiée en 1803.

Louis fut appelé pour faire le plan de cet édifice et en diriger la construction. Un terrain libre lui était donné ; il fut néanmoins contraint de subir bien des exigences. Le Théâtre devait naturellement s'ouvrir du côté du port. Il fut obligé de le tourner en sens contraire; de sorte que, placé en contre-bas de la pente, le monument, au lieu de dominer ses avenues, se trouve dominé par elles. Quoi qu'il en soit, ce monument est le plus beau de ce genre que possède la France ; commencé le 13 Novembre 1773, il fut ouvert au public le 8 Avril 1780.

Cet édifice, de forme rectangulaire, présente 50 mètres de largeur sur 90 de longueur. Le péristyle de la façade est soutenu par douze colonnes corinthiennes ; autant de statues représentant des divinités mythologiques en ornent l'entablement. Les façades latérales sont décorées de pilastres corinthiens ; de chaque côté une galerie assez spacieuse fait suite au péristyle et aboutit à un perron par lequel on communique avec la rue adjacente. Dans cette partie de l'édifice la pente du sol a obligé l'architecte de faire supporter la décoration par un soubassement.

Isolé, entre la place et la rue de la Comédie, la vaste terrasse du nord et le coin du Chapeau-Rouge, notre Théâtre présente un magnifique aspect, surtout quand il est vu de près par un de ses angles antérieurs. Mais si vous vous éloignez, le dôme de la salle, développant ses immenses contours, semble écraser les lignes régulières de l'architecture classique. Il était difficile de parer à cet inconvénient, les formes de l'art ancien ne se prêtent jamais complètement à nos usages modernes.

La disposition intérieure du bâtiment répond à sa magnificence extérieure. Cinq entrées conduisent du péristyle dans un vestibule dont la voûte plate, ornée de rosaces et de caissons, est soutenue par 16 colonnes cannelées; il est terminé par un seul escalier qu'éclaire une coupole. Au-dessus du vestibule est située la salle des concerts, qui primitivement était ovale et à trois rangs de loges, mais depuis les réparations qui ont eu lieu en 1833, ce n'est qu'une pièce rectangulaire, décorée avec goût et simplicité.

La salle de spectacle n'est pas jetée dans le moule commun, elle ne tire pas tout son mérite des dorures et des couleurs dont on a pu et dont on pourra la barrioler. L'architecte l'a exécutée d'après une pensée originale et neuve que quelques personnes expliquent ainsi: Il a voulu représenter une place publique; ces loges découpées, qui s'avancent entre les colonnes, ne sont autre chose que des balcons où viennent se placer les riches habitans, tandis que la foule, représentée par le public du parterre, vient envahir le sol même de la place afin de jouir aussi du spectacle. Primitivement le fond de la salle était peint en marbre blanc veiné, ce qui s'accorde parfaitement avec l'idée que nous venons d'indiquer.

Tous les détails secondaires de cet édifice sont dignes de la grandeur de l'ensemble. L'architecte en créant son œuvre a songé aux moyens de la conserver. Si des paratonnerres bien disposés préservent notre Grand-Théâtre du feu du ciel, un vaste réservoir, placé dans les combles et alimenté par trois puits, le met également à l'abri du danger plus imminent d'un incendie qui éclaterait dans l'intérieur.

Considéré uniquement sous le rapport de l'art, notre Théâtre offre plus d'une analogie avec les chefs-d'œuvre de l'ancien répertoire, à la représentation desquels il fut d'abord consacré; ici, comme dans une tragédie classique, apparait l'imitation des formes grecques, surchargées de détails modernes et modifiées pour les usages de notre civilisation.

THÉATRE FRANÇAIS.

Notre ville a vu s'élever plusieurs petits théâtres qui furent long-temps fréquentés par un public nombreux. Leurs succès nuisirent à la prospérité du Grand-Théâtre, et notre première scène, par des raisons que nous ne pouvons rechercher ici, n'eut qu'à de courts intervalles de l'attrait pour notre population. Le Théâtre Molière, situé rue du Mirail, et qui fut établi au commencement de la révolution, eut, à son début, une troupe d'artistes qui s'y distinguèrent, et les premiers talens de la capitale qui s'y firent entendre contribuèrent à lui mériter les faveurs de la foule.

La salle des concerts de l'Intendance, qui servit pendant quelque temps aux représentations théâtrales, fut détruite par un incendie en 1803. Une nouvelle salle de spectacle fut alors élevée par M. Bojolay sur le terrain du Château-Trompette, à l'extrémité des allées de Tourny. Cette salle, qui prit le nom de *Théâtre de la Gaité*, et qui subsista jusqu'à la démolition du Château, attira toujours une foule nombreuse ; et c'est là que plusieurs acteurs ont vu commencer une réputation qui fut consacrée plus tard par les applaudissemens de toute la France : Armand, Potié, Lepeintre sont des artistes célèbres dont le talent s'est développé dans nos murs.

Il exista aussi, près de la place Dauphine, une salle de spectacle construite par un peintre nommé Gaetan Camagne ; mais elle fut démolie en 1800, pour faire place au *Théâtre Français*, où l'on joue maintenant le drame et le vaudeville. De tous les théâtres du second ordre que nous avons eus, c'est le seul qui soit encore ouvert : aujourd'hui, comme autrefois, le répertoire de la littérature médiocre et des rapsodies dramatiques attire la foule qui fuit la splendeur de notre grande scène. Nos deux théâtres sont entre les mains d'une même administration ; mais les déficits du grand dévorent les recettes du petit, et la prospérité de l'un ne saurait sauver la décadence de l'autre. Les directeurs qui se succèdent se ruinent tour à tour, et l'on cherche avec inquiétude les moyens de réveiller le goût de notre public pour les œuvres des grands maîtres.

La salle des Français a été construite sur les dessins de M. Duffard. L'édifice, d'une forme bizarre et disposé en triangle, n'a rien de remarquable. Après avoir subi quelques réparations en 1827, il prit le nom de *Théâtre des Variétés*. L'intérieur de la salle a été décoré de nouveau en 1834; mais, au dedans comme au dehors, le monument n'a rien gagné à ces diverses restaurations.

ÉGLISE NOTRE-DAME.

Nous avons cité, en parlant de nos Eglises gothiques, ces moines-artistes du moyen âge qui consacraient leur vie à élever, à décorer une cathédrale gothique. Au dernier siècle, frère Jean, religieux dominicain, entreprit dans notre ville une œuvre pareille. L'art catholique avait alors perdu sa puissance : les hautes tours, les clochetons aigus, les rosaces et les fenêtres multiformes, le labyrinthe des ogives avaient été abandonnés depuis long-temps ; et le pieux artiste dut se conformer pour le plan qu'il créa, pour les sculptures qu'il exécuta, au goût d'une époque qui affectait l'imitation des formes antiques tout en les surchargeant de détails maniérés.

Le vaisseau de l'Eglise est beau ; la nef principale est décorée de pilastres corinthiens entre lesquels s'ouvrent des arceaux qui correspondent chacun à une chapelle. La chaire est fort belle, les sculptures du maître-autel sont fort bien exécutées. Frère Jean, qui réunissait tous les talens de Michel-Ange, peignit primitivement l'édifice ; mais ces fresques avaient beaucoup souffert, et en 1834 l'Eglise fut restaurée. Les peintures de la nef, exécutées avec soin, ne présentent aucun caractère religieux ; pour celles des chapelles latérales, elles forment le plus lourd contre-sens avec le caractère de l'édifice : on s'est avisé de faire des ornemens gothiques dans ces chapelles bâties à plein-ceintre.

On vante beaucoup le jeu d'orgues de cette Eglise.

Le portail est d'une exécution très-compliquée, mais ce n'est plus l'unité multiple du style ogival. On y voit des colonnes corinthiennes, des colonnes composites, des bas-reliefs, des vases, des triangles aigus, et au milieu une immense fenêtre qui, bien loin de remplir avec avantage la place occupée jadis par la rosace gothique, est d'un aspect fort disgracieux. Cette façade présente des détails bien exécutés, mais l'ensemble en est de mauvais goût.

MUSÉUM, RUE SAINT-DOMINIQUE.

Cet établissement est tout entier consacré aux sciences, aux arts et aux lettres ; il renferme la bibliothèque publique, le cabinet d'histoire naturelle, le musée des antiques, l'école de peinture et l'observatoire. L'Académie-Royale des sciences et belles-lettres, et la Société Royale de médecine y tiennent leurs réunions. C'est aussi dans cet établissement que se font les cours publics d'agriculture et de géométrie appliquée aux arts industriels.

LA BIBLIOTHÈQUE PUBLIQUE de Bordeaux fut fondée par M. Bel, conseiller au parlement, qui, en 1738, fit don à la ville de ses livres et de son hôtel. D'autres citoyens honorables imitèrent cet exemple : MM. Campagne, Cardoze, Barbot et de Beaujon (de tels noms méritent d'être conservés) ont surtout contribué par leur munificence à enrichir cet utile établissement. A l'époque de la révolution, lorsque les maisons religieuses et les couvens furent fermés, leurs bibliothèques furent réunies à celle de la ville ; c'est pour cela qu'elle renferme un si grand nombre d'ouvrages de théologie qui ont encore une valeur historique, mais qui ne répondent plus aux besoins les plus urgens de notre époque. Sur les rayons de notre bibliothèque, chargés de cent mille volumes, on ne trouve qu'un très-petit nombre de livres modernes, et les travaux des hommes de génie qui, dans ces derniers temps, ont illustré par leurs découvertes les sciences morales et politiques aussi bien que les sciences exactes, n'ont point encore eu l'honneur d'être admis chez nous à côté des œuvres les plus inutiles et les plus indigestes de la disputation scolastique.

Le livre le plus curieux qui soit à notre bibliothèque, c'est un exemplaire des œuvres de Montaigne, enrichi de notes et de corrections de l'auteur. Les œuvres de Montaigne, ainsi amendées, n'ont été imprimées qu'en 1802, par les soins de M. Naigeon, à qui le gouvernement avait confié ce précieux exemplaire.

La bibliothèque est ouverte au public tous les jours de la semaine, excepté le samedi et le dimanche.

CABINET D'HISTOIRE NATURELLE. En 1804, des membres de l'Académie avaient réuni quelques minéraux et commencé une collection de coquillages; en 1805, M. Journu-Aubert, négociant, fit don à la ville de la collection qu'il avait recueillie : ce fut l'origine de notre cabinet d'histoire naturelle. Il est peu complet, et des villes moins importantes que Bordeaux possèdent en ce genre des collections bien plus précieuses. Cependant quelques-uns de nos capitaines instruits nous apportent avec soin les objets d'histoire naturelle qu'ils peuvent recueillir dans leurs voyages; nos collections augmentent chaque jour, et déjà la minéralogie, l'ornithologie et surtout la conchyliologie laissent peu de chose à désirer.

LE MUSÉE DES ANTIQUES n'est pas non plus très-riche en monumens curieux. Les morceaux les plus importans, sous le rapport de l'art, sont les deux bas-reliefs qui décoraient jadis le piédestal de la statue de Louis XV, élevée sur la Place Royale. Ces deux bas-reliefs furent, ainsi que nous l'avons déjà dit, transportés au Muséum, lorsque la statue fut renversée par le peuple dans la révolution de 89 ; l'un représente la bataille de Fontenoy, l'autre la prise du Port Mahon. On conserve aussi un autel votif consacré par la ville de Bordeaux à l'empereur Auguste, ainsi que l'indique l'inscripion gravée sur ce monument :

AUGUSTO SACRVM
ET GENIO CIVITATIS
BIT. VIV.

Cet autel, dont tous les détails sont fort bien traités, a été trouvé au quinzième siècle dans l'enceinte du fort Tropeyte.

L'origine de l'ACADÉMIE ROYALE de Bordeaux remonte au commencement du 18e siècle. « Quelques habitans de la ville, » rapporte M. Bernadau, « unis par le goût des sciences et des arts, se rassemblaient dans des maisons particulières pour y tenir des séances littéraires et exécuter entre eux des concerts d'amateurs. Cette réunion s'étant successivement augmentée, elle parvint à prendre une forme régulière. Le duc de la Force, qui faisait partie de la nouvelle société, obtint des lettres-patentes, du 5 septembre 1712, qui l'érigèrent en Académie Royale des belles-lettres, sciences et arts, et le nommèrent protecteur de cette Académie. Tout singulier que ce titre puisse paraître actuellement, il était alors d'étiquette rigoureuse. En recevant l'institution royale, une société savante était placée sous le patronage de l'homme qualifié qu'il convenait au gouvernement de mettre à la tête de cette société, et qui avait le droit de la représenter auprès de l'autorité, de diriger ses délibérations, et sans l'agrément duquel elle ne pouvait faire aucun acte important. Le maréchal de Richelieu a été le dernier protecteur de l'Académie de Bordeaux, quoiqu'il soit bien prouvé qu'il ne savait pas l'orthographe (1) ».

(1) Histoire de Bordeaux.

Le duc de la Force se montra digne du titre qui lui avait été conféré : il dota l'Académie d'une rente perpétuelle de 300 fr., et destina cette somme à la fondation d'un prix annuel décerné à l'auteur du meilleur mémoire sur une question de physique. A une époque où les Académies de Province ne s'occupaient que de voyages sur le fleuve du Tendre, de petits vers à Phylis et de galantes bergeries, le duc de la Force sut comprendre qu'elles devaient diriger les esprits vers un but plus sérieux et plus utile, et il pressentit toute l'importance que devaient acquérir un jour les sciences naturelles.

Le plus illustre membre que l'Académie de Bordeaux ait compté dans son sein, c'est l'auteur de l'*Esprit-des-Lois*. Il fut reçu dans cette société en 1716.

L'Académie tient chaque année une séance publique, dans laquelle sont distribués les prix qu'elle accorde aux hommes qui se sont distingués dans le département par leurs travaux scientifiques ou littéraires.

École publique de dessin et de peinture. Il avait existé dans Bordeaux une Académie de peinture et de sculpture reconnue par lettres-patentes de Louis XIV en 1676 ; diverses causes avaient fait tomber cette utile institution. M. de Tourny, dont on retrouve le nom attaché à toutes les œuvres d'intérêt général, sentit la nécessité de rendre à la ville un établissement qui lui offrait tant d'avantages. En surveillant les travaux des nombreux ouvriers qu'il employait pour les embellissemens de notre cité, il avait remarqué combien l'étude du dessin contribuerait au perfectionnement des arts manuels et quels utiles secours en pourraient tirer les ouvriers et les artisans de toutes les classes. C'est surtout dans ce but qu'il fonda une école gratuite de dessin dont l'administration municipale fut autorisée à faire les frais. Les jurats décidèrent l'établissement de cette école le 9 septembre 1744. La direction en fut confiée à M. Bazemon, artiste étranger, qui, à son talent comme peintre, joignait des connaissances spéciales dans l'art des constructions. « Ces connaissances le rendaient très-propre à remplir les vues de l'intendant. »

« L'école de dessin prospéra tellement sous ce maître habile, que dès 1748 les jurats lui accordèrent une gratification pour le zèle qu'il avait apporté dans l'enseignement qui lui avait été confié. (1) »

Jusqu'en 1752 aucune récompense n'était accordée aux élèves qui méritaient, par leur aptitude et leur zèle, de justes encouragemens. Les jurats décidèrent que trois prix seraient distribués chaque année aux jeunes élèves de cette école. Ces prix consistaient en trois médailles dont l'une était d'or et les deux autres d'argent.

A côté de l'école gratuite, une académie de peinture, sculpture et architecture fut fondée en 1768 par M. Batanchon, auquel se réunirent plusieurs artistes et plusieurs amateurs de notre ville. Cette société se développa bientôt sous la protection des autorités municipales et du maréchal Mouchy, commandant de la province, qui lui fit obtenir des lettres-patentes en date du 14 novembre 1779.

L'Académie était divisée en trois classes : une d'amateurs honoraires, une d'amateurs associés et une d'associés artistes, qui tous par leur influence, par leur fortune ou leurs talens contribuaient au développement de cette belle institution.

(1) M. Bernadau.

L'école de dessin et l'Académie subsistèrent jusqu'à la révolution. Pendant cette époque de crise ces deux sociétés se désorganisèrent. Un membre de l'Académie, M. Lacour père, voyant que la population ouvrière de notre ville allait être privée de l'enseignement du dessin, établit une école, qu'il maintint seul et à ses frais, dans les salles que l'Académie avait occupées, et il réunit les élèves des deux sociétés qui avaient honoré notre ville.

Cette institution fut supprimée à l'époque où l'on fonda les écoles centrales qui avaient une classe pour le dessin; mais lorsque ces écoles furent remplacées par les Lycées, il ne se trouva plus de cours public où les classes ouvrières pussent étudier les premiers élémens d'un art qui leur était si utile. M. Lacour continuant l'œuvre de dévouement qu'il avait entreprise en des temps difficiles, proposa à l'autorité l'établissement d'une école gratuite de dessin et peinture, et l'autorité s'empressa de déférer à sa proposition. M. Lacour fut nommé directeur, et son fils, qui lui succéda, a long-temps rempli avec talent ces honorables fonctions.

M. J. Alaux est aujourd'hui directeur de l'école gratuite de dessin et de peinture.

CIRQUE FRANÇAIS.

Le Cirque Français, situé dans la rue Judaïque-St-Seurin, a été construit en 1836 par M. Durand, architecte de notre ville. Il est fâcheux que les exigences de localité n'aient pas permis de développer à l'extérieur toutes les beautés que comportait un pareil édifice. Les dispositions primitives des anciens bâtimens ont même exigé des combinaisons de lignes peu harmonieuses; ainsi la porte d'entrée qui ouvre sur la rue ne correspond point directement à la porte d'entrée ouverte à l'intérieur de la cour. Ce n'est pas la première fois que nous remarquons dans nos monumens de semblables défauts; mais l'on n'en doit point faire un reproche à nos architectes, qui trop souvent se sont vus forcés de faire plier leur sentiment d'artiste devant des difficultés insurmontables.

La façade du Cirque, à l'intérieur de la cour, appartient à l'architecture romane. Quatre faisceaux d'armes habilement groupés ont été sculptés entre les pleins-cintres, et représentent les armes diverses dont l'homme s'est servi jusqu'à ce jour dans les combats. Ces ornemens sont convenablement placés à la porte d'un théâtre où l'on voit se dérouler les évolutions militaires et les jeux équestres de différentes époques de l'histoire.

L'arène où courent les chevaux est entourée d'une vaste galerie qui peut contenir cinq ou six cents personnes; au-dessus de cette galerie s'élèvent deux rangs de loges, dont les ornemens, dans les goût de la renaissance, ont été peints par M. Bonnaire, artiste distingué de Paris. On remarque surtout le bel effet des peintures qui décorent l'estrade de l'orchestre, la richesse et l'élégante bizarrerie du rideau d'entrée, et l'heureuse simplicité du lustre exécuté sur les dessins de l'architecte.

Une maison adjacente au Cirque, et qui fait partie de l'établissement, renferme de vastes salles où se donnent des fêtes privées, des bals et des concerts publics.

HOPITAL MILITAIRE.

L'Hôpital militaire était autrefois un lieu de plaisance. Cet édifice, situé sur le chemin de Caudéran, a été construit, il y a environ quinze ans, par M. Bojolay, ancien directeur de théâtre. On y donnait alors des fêtes comme celles que l'on donne aujourd'hui dans l'établissement de Vincennes. Des montagnes russes y avaient été construites sur un tertre artificiel ; mais un jour la terre s'éboula : on eut à déplorer des accidens assez graves, et la prospérité de l'établissement fut compromise.

Ces bâtimens sont aujourd'hui la propriété d'un négociant de notre ville, à qui le gouvernement les a loués pour y établir un hôpital exclusivement reservé aux militaires.

Cet édifice, construit avec simplicité, n'offre rien de curieux sous le rapport architectural.

Un médecin et deux chirurgiens sont spécialement attachés à l'établissement.

GAZ HYDROGÈNE.

L'éclairage par le gaz est une invention de date récente. Ce mode nouveau a fait grand bruit de nos jours, comme jadis la découverte de M. Quinquet, inventeur des lampes qui ont conservé son nom.

L'emploi du gaz hydrogène est très-répandu en Angleterre; on ne s'en sert en France que dans quelques grandes villes, et seulement pour éclairer les établissemens publics et les magasins ; l'usage ne s'en est point encore introduit dans les maisons particulières.

La Bourse de Bordeaux, la salle du Grand-Théâtre, la Galerie, le Bazar, la chaussée de Tourny et les Quinconces, les cafés et les magasins de certains quartiers sont éclairés au gaz depuis quelques années seulement.

Ce ne fut qu'au mois de juin 1824 qu'une ordonnance royale autorisa la formation d'une société anonyme pour l'éclairage de la ville de Bordeaux par le gaz hydrogène.

L'établissement de cette compagnie est situé hors ville, près Vincennes. La direction en est confié à M. Benel, qui a obtenu un brevet pour les perfectionnemens qu'il a apportés dans sa fabrication.

Les étrangers sont admis à visiter cet établissement.

FOSSÉS DE L'INTENDANCE.

Les fossés de l'Intendance forment avec les fossés du Chapeau-Rouge, dont ils ne sont que le prolongement, une longue ligne d'une belle régularité, qui conduit des bords de la rivière à la place Dauphine. Cette rue immense est composée de maisons magnifiques, parmi lequelles on remarque l'ancienne maison Acquart, construite par M. Combes et appartenant aujourd'hui à M. Sarget.

Sur le côté opposé se trouvent l'Hôtel Richelieu, dont la construction remonte à une époque assez reculée, et l'Hôtel de Rouen, qui est d'une architecture plus moderne. Ces deux établissemens méritent la réputation dont ils jouissent auprès des voyageurs.

A l'extrémité des fossés, du côté sud, est situé le Waux-hall, lieu renommé par les fêtes brillantes qui s'y sont données autrefois. En face du Waux-hall, un vaste hôtel, qui forme le commencement de la rue Montesquieu, s'arrondit par une courbe élégante, pour dégager les abords du théâtre Français et laisser à découvert ce monument dans toute sa médiocrité.

En creusant dans ce quartier pour y jeter les fondemens de nouvelles constructions, on a trouvé les restes d'anciens murs qui formaient, sous les Romains, la clôture septentrionale de la ville de Bordeaux.

L'Intendance de la généralité de Guienne était établie dans cette rue, ce qui lui a fait donner le nom qu'elle porte aujourd'hui.

ÉGLISE SAINT-BRUNO.

Blaise de Gasc, gentilhomme bordelais, ayant pris l'habit de Chartreux dans un monastère de la Calabre, voulut que tous ses biens servissent à fonder à Bordeaux une maison de son ordre; ajoutant à ce don de nouvelles libéralités, le cardinal de Sourdis fonda le couvent des Chartreux sur des terrains submergés par les eaux de la Devèze, et commença à dessécher les marais de l'Archevêché, œuvre d'assainissement que devait poursuivre avec succès l'un de ses successeurs, le prince de Rohan.

C'est dans les premières années du 17me siècle que le cardinal fit bâtir l'Église de la Chartreuse, aujourd'hui St.-Bruno. L'extérieur en est peu remarquable; la façade se rapproche du style de la renaissance plutôt par la disposition générale que par la délicatesse du goût ; une statue en marbre de la Vierge, placée au-dessus de la porte principale, mérite cependant d'attirer l'attention. Mais pour l'intérieur, les édifices gothiques exceptés, cette Église est la plus belle que nous possédions. La décoration du sanctuaire est formée d'un ordre corinthien, surmontée d'un ordre composite ; on y a prodigué les sculptures, et les parois sont tout incrustés en marbre de diverses couleurs. Six statues décorent autant de niches; les deux plus voisines de l'autel représentent l'une la Ste.-Vierge et l'autre l'Ange-Gabriel prononçant l'*Ave Maria*. On les attribue au sculpteur Bernin, et elles ne sont pas indignes de son ciseau. Quoique surmonté d'un couronnement un peu lourd, le maître-autel est d'un aspect noble. Les fresques de la voûte répondent à la magnificence du sanctuaire. Barinzago et Gonzalès, auxquels on doit cette décoration, ont su créer des fantaisies architecturales qui s'harmonisent parfaitement avec le vaisseau de l'édifice ; ils ont su rehausser leurs couleurs par l'éclat de l'or, mais sous leur pinceau la richesse ne se change pas en profusion. Ces peintures, exécutées en 1771, ont perdu de leur fraîcheur, mais n'ont subi cependant aucune dégradation.

Parmi les tableaux qui ornent l'Église, on remarque quelques bonnes copies de Lesueur.

La partie de l'ancien couvent des Chartreux qui subsiste encore, sert à divers établissemens publics ; les étrangers visitent ordinairement une chambre voûtée, dont la disposition est telle qu'un mot prononcé à voix très-basse dans un angle s'entend distinctement à l'angle opposé.

ÉGLISE SAINT-SEURIN.

Cet édifice, œuvre de différents siècles, nous présente tous les types principaux de l'architecture chrétienne. Nous essaierons de classer dans un ordre chronologique les diverses parties qui le composent et les détails qu'on peut y remarquer.

Époque antérieure au 12me siècle. — Les trois arcades intérieures de la porte occidentale, bâties à plein-cintre, et dont les colonnes ont pour chapiteau des groupes de figures fantastiques; le mur du sanctuaire, percé de plusieurs fenêtres romanes; le clocher, orné de fenêtres géminées et des colonnes; enfin la partie inférieure et quadrilatère de la tour située au midi de la nef, appartiennent sinon au même temps, du moins au même style. Il reste évident que l'Église romane formait une nef étroite, longue, dont les extrémités sont encore marquées par le mur du chœur et la tour du clocher. La chapelle souterraine de St. Fort remonte à une date fort ancienne, mais elle a subi plusieurs restaurations.

12e et 13e siècle. — Toute la partie méridionale de l'Église appartient à cette époque. Le gothique avait pris la place du roman, mais la forme de l'ogive n'était pas encore très-aiguë, c'est le caractère que présentent les ouvertures du mur méridional; la partie supérieure et octogone de la petite tour, qui est enclavée dans cette partie de l'édifice, présente une ogive à trèfle; cette forme d'ornement se trouve aussi dans le portail latéral si remarquable par ses statues, ses colonnettes, ses arabesques variés.

ÉGLISE SAINT-SEURIN.

14e et 15e siècle. — La chapelle du nord présente des ogives qui appartiennent les unes au gothique qu'on pourrait appeler *aigu*, les autres au gothique fleuri ; on peut assigner à la même époque, les deux bas-reliefs incrustés dans les murs de l'Église, les sculptures qui ornent le maître-autel et celui de Notre-Dame-des-Roses, enfin le joli trône épiscopal placé à la droite du sanctuaire, où nos anciens archevêques venaient s'asseoir avant de faire, à Bordeaux, leur entrée solennelle.

Les stalles du chœur offrent les sculpures fort curieuses. Dans les sujets grotesques qu'elles représentent, les moines sont fort maltraités, c'est une preuve de l'hostilité qui régnait entre le clergé séculier et le clergé régulier.

16e siècle. — Le porche élégant qui abrite le portail du nord est une œuvre de la renaissance ; les ornemens ajoutés au tombeau de St.-Fort, dans la chapelle souterraine, appartiennent à la même époque.

Enfin, de nos jours, M. Poitevin a su ajouter à la façade du couchant un portail dont le dessin s'accorde très-bien avec l'architecture romane du clocher. Les deux statues et le bas-relief, dont M. Maggesi a orné cette entrée, ont le double inconvénient de ne pas présenter ce que l'art moderne a de plus parfait et de traduire assez mal la pensée religieuse du moyen-âge.

L'Église fut jadis en grande vénération, soit à cause de son ancienneté, soit à cause des reliques et des tombeaux qu'elle renferme ; aujourd'hui elle est encore l'objet d'une dévotion populaire. Le 16 mai, les mères et les nourrices s'y rendent en foule pour présenter des enfans faibles ou malades au tombeau de *St.-Fort*. Confiantes dans le nom même du Saint, elles pensent qu'il communiquera à leurs nourrissons la force qui leur manque.

FOSSÉS DU CHAPEAU-ROUGE.

La première partie de la dénomination de ce cours vient de ce qu'il est situé sur l'emplacement d'anciens fossés de ville ; la même observation peut s'appliquer à divers autres de nos cours. Quant à la seconde partie du nom que nous analysons, elle vient d'une auberge très-fréquentée au 16me siècle et qui avait pour enseigne un *chapeau rouge*.

A l'époque de la fronde, *les Chapeaux-Rouges*, riches bourgeois de ce quartier, étaient opposés aux Ormistes, parti qui s'était recruté dans la classe pauvre. Un combat sanglant fut livré entre ces deux factions à la porte de Médoc.

Le Chapeau-Rouge ne comprenait, en 1749, que la façade du nord, confrontant alors à l'esplanade du Château-Trompette. M. de Tourny fit construire dans la partie qui aboutit à la rivière une porte élégante, et prolongea jusque-là les allées qui ont porté son nom. Cette porte a été démolie en 1780, lorsqu'on forma la place Richelieu. Les allées n'existaient plus depuis plusieurs années.

Nous avons eu occasion de parler déjà du Grand-Théâtre et de l'îlot de la Préfecture, qui forment un des côtés du Chapeau-Rouge. La façade opposée présente des constructions moins régulières, mais on y voit de riches magasins ; un vaste édifice en occupe le centre, c'est *l'Hôtel de la Paix*, établissement tenu avec luxe et dans lequel affluent toujours les étrangers.

Place de Tourny. — Hôtel de la Marine.

La place qui porte le nom de Tourny fut formée en 1749 par l'illustre Intendant. Sur cet emplacement, qui touchait à l'une des extrémités de la ville, se trouvait une ancienne porte fortifiée, appelée la porte St.-Germain. Elle fut remplacée par un nouveau monument, un des plus beaux qui furent construits à cette époque : deux grands piliers d'ordre dorique, ornés de plusieurs colonnes engagées, étaient unis par une grille en fer et surmontés de deux groupes de figures sculptées par le célèbre Francen. Ce monument fut renversé pendant la révolution, et les ornemens qui le décoraient furent mutilés par ordre du bureau central. Cette porte, ainsi que la place sur laquelle elle s'ouvrait, reçurent, du vivant même de M. de Tourny, le nom de l'habile administrateur qui avait acquis tant de droits à la reconnaissance de la cité. Ce fut aussi cette place que l'on choisit pour y élever sa statue qui fut inaugurée en 1825. Il est juste de dire que c'est surtout à l'instigation de M. Bernadau que cet honneur tardif fut rendu de nos jours à ce grand magistrat. M. Bernadau, qui a toujours montré un zèle honorable pour tout ce qui intéresse le pays, qui a recueilli et conservé avec soin des documens précieux pour l'histoire de notre cité, avait découvert en 1807, dans la maison d'un notaire, un ancien portrait de M. de Tourny ; ce portrait, qui a été gravé par M. Lacour fils, a servi de modèle pour la statue, qui malheureusement est loin d'être un chef-d'œuvre.

PLACE DE TOURNY. — HOTEL DE LA MARINE.

La place de Tourny est de forme circulaire. On doit regretter qu'on n'ait pu donner plus d'élévation aux édifices qui l'entourent ; nous avons déjà dit que l'administration militaire en avait ainsi fixé la hauteur pour ne point masquer les batteries du Château-Trompette.

La partie de cette place qui est située entre la rue Fondaudège et le cours du Jardin-Public, est occupée par l'administration de la Marine. Avant la révolution, cette administration était située dans le même local. Elle est chargée de surveiller les armemens du commerce, ainsi que l'inscription et la levée des marins pour les bâtimens de l'État.

Bains des Quinconces.

Dans les allées inférieures des Quinconces, à droite et à gauche de la terrasse, deux édifices élégans ont été construits en 1826 pour un établissement de Bains publics. Ces deux édifices, entièrement semblables, se composent d'un rez-de-chaussée élevé de quatre pieds au-dessus du sol, d'un étage supérieur et d'un attique surmonté d'une terrasse. La façade principale, qui regarde la rivière, est percée au centre de neuf croisées à chaque étage; aux deux extrémités, des vestibules soutenus par des colonnes offrent deux entrées distinctes par lesquelles les baigneurs pénètrent dans l'intérieur de l'établissement. L'entrée du centre est réservée à l'administration.

Pour fournir aux Bains publics un emplacement convenable, trois allées des Quinconces furent retranchées au devant de la façade, et un rang d'arbres fut arraché sur les trois autres côtés de l'édifice. L'espace ainsi obtenu a été converti en parterres plantés d'arbustes et fermés par une grille qui entoure l'établissement tout entier.

L'eau de ces bains est fournie par la Garonne. On a su éviter, par un procédé simple et ingénieux, les envasemens qui causèrent la ruine des moulins de Bacalan. Au centre de l'édifice, un corps de bâtiment affecté aux servitudes renferme un réservoir d'une contenance de mille barriques, et des bassins à l'étage supérieur, d'où l'eau se distribue dans les différentes parties de l'établissement.

La distribution intérieure est la même dans les deux édifices ; un côté est affecté aux femmes, l'autre aux hommes. A chaque entrée, se trouve un salon d'attente ; un couloir conduit dans une cour entourée d'arcades sous lesquelles sont placées les chambres des bains.

Ces établissemens sont aussi pourvus de tous les appareils nécessaires dans les bains médicinaux. On y trouve des eaux minérales factices de toute espèce.

M. Laclotte, architecte de notre ville, a fourni les plans et les dessins de ces deux édifices.

Bains Flottans.

Avec sa population de 120,000 ames et ses chaleurs tropicales, Bordeaux ne possédait sur son beau fleuve qu'une seule école de natation, et encore le prix d'entrée en était tellement élevé que le pauvre n'en pouvait franchir le seuil.

Des arrêtés municipaux permettaient, il est vrai, à la population de prendre des bains froids dans le port; mais ce n'était que le soir, lorsque la Garonne, déjà si dangereuse, offrait encore plus de dangers; et, en effet, sa moyenne des victimes est chaque année de trente à quarante baigneurs.

Un pareil état de chose ne pouvait durer. Dans l'intérêt de l'humanité, une compagnie a demandé à établir de nouveaux bains froids dans le port, au centre de la population, et en fixant le prix d'entrée à 25 c. Après une opposition, qui prouve que le bien n'est pas toujours facile à faire, le Préfet de la Gironde, qui n'était pas secondé en cette occasion par la municipalité, a, par un arrêté du 18 mai 1838, approuvé le 18 juin suivant par le ministre, autorisé cet établissement qui sera aussi brillant que vaste.

Cette nouvelle école de natation, qui prendra place dans le bassin du port, entre le Chapeau-Rouge et l'Entrepôt, aura 47 mètres 62 centimètres de long. Le plancher mobile sera soutenu sur des flottans en tôle battue qu'entourera un filet en fer.

Le bassin de natation aura, à ciel ouvert, 42 mètres de

long sur 12 de large, et sera recouvert d'une tente en quatre parties.

On descendra dans ce bassin par 4 escaliers de 8 marches chacun. Huit lanternes doivent en garnir les rampes.

40 chambres de 1 m 50 c. de long sur 1 m. 60 c. de large seront autant de bains particuliers où tout le *confortable* sera admis.

76 chambres ou salles serviront de vestiaire au public, lequel de la sorte sera à couvert; un café et un restaurant seront établis aux extrémités.

Enfin, dans cet établissement, où les directeurs-propriétaires appellent *gratis* à des heures fixées et les troupes de la garnison et les élèves des écoles gratuites, tout ce qui peut concourir à la sûreté et au bien-être sera réuni.

Les femmes y seront reçues deux fois par semaine.

Il est juste d'ajouter qu'on doit cette école de natation à M. le secrétaire-général, remplaçant alors le Préfet de la Gironde, et à MM. les députés Roul, Léon de Malville et Billaudel. L'humanité les en remercie. Ils ont triomphé de 17 mois de resistance, et c'était pourtant du bien du peuple qu'il s'agissait!!!

Ces Bains, qui coûteront de 40 à 50 mille francs, seront ouverts en 1839.

Hôtel des Monnaies.

Sous l'ancien régime, l'administration de l'Hôtel des Monnaies était en même temps un tribunal ; elle n'était pas chargée seulement de surveiller la fabrication des monnaies frappées à Bordeaux, elle jugeait encore des contraventions aux lois sur les matières d'or et d'argent.

Aujourd'hui, l'administration de cet établissement ne s'occupe que de la fabrication des monnaies ; un commissaire du Roi, un directeur et deux contrôleurs en sont les principaux fonctionnaires.

La marque distinctive des pièces frappées à Bordeaux est la lettre K, et le signe particulier du directeur est une feuille de vigne.

L'Hôtel des Monnaies était jadis situé dans la rue qui en a gardé le nom, près de l'Église St.-Michel. L'Hôtel de la rue du Palais-Galien, où est établie aujourd'hui la fabrication, est l'ancienne habitation des congréganistes de St.-Lazare. Ces religieux, qui dirigeaient le grand séminaire et faisaient des missions dans le diocèse, habitaient d'abord dans la rue St.-Siméon ; ils avaient été installés dans la rue du Palais-Gallien en 1730.

Palais-Gallien.

Ce monument, qu'on appelle le *Palais-Gallien*, et que les anciennes chroniques nomment simplement les arènes, est un ancien amphithéâtre romain. Il fut commencé dans le troisième siècle, sous le règne de l'empereur dont il porte le nom. Il ne fut jamais complètement achevé; les quelques ruines que l'on en conserve aujourd'hui ne permettraient pas de distinguer la forme primitive de ce monument.

Il était bâti en pierres carrées de trois pouces et demi sur chaque face; de trois pieds en pieds, un cordon formé de trois rangs de briques de deux pouces d'épaisseur entrecoupait le parement des murs dans tout l'édifice.

Cet amphithéâtre était de forme elliptique; il avait 394 pieds de long sur 314 de large, et renfermait six enceintes circulaires; l'arène avait 266 pieds dans son plus grand diamètre; les murs d'enceinte étaient percés de 56 arcades au rez-de-chaussée et à l'étage supérieur; le dernier mur avait 62 pieds d'élévation, les autres allaient en décroissant. Les galeries étaient au nombre de quatre; on y arrivait par deux grandes portes placées aux extrémités du grand diamètre, par quinzes portiques qui perçaient toutes les enceintes, et par les arcades ouvertes au dehors qui conduisaient par des escaliers aux plus hautes galeries.

Le dessin que nous donnons ici représente l'une des grandes portes d'entrée: elle a 27 pieds de hauteur sur 18 de largeur. Les deux côtés de cette porte sont accompagnés de pilastres, dont les chapiteaux soutiennent une espèce d'architrave; au-dessus se trouvait une plate-bande qui devait être un peu plus élevée que la galerie de l'étage supérieur. Ainsi qu'on le voit sur notre dessin, il y avait au-dessus des portes d'entrée une arcade et deux niches séparées par des pilastres; puis venaient l'architrave et une espèce de corniche appuyée sur des consoles. Autant que les dégradations permettent d'en juger, l'édifice était d'ordre toscan.

Le Palais-Gallien a eu beaucoup à souffrir de nos guerres civiles; c'était un lieu de refuge pour les troupes des divers partis. Au mois de mai 1792, on commença à travailler activement à sa démolition, et depuis le vandalisme ne s'est plus arrêté. Il n'en reste plus aujourd'hui que les ruines que nous avons dessinées, et quelques fragmens épars dans les constructions modernes qui l'environnent.

Le Palais-Gallien était un lieu jadis suspect. M. Bernadau rapporte que Jodocus Zinzerling, allant visiter ces ruines antiques, fut pris pour un homme qui cherchait un mauvais lieu. On croyait encore généralement que les sorciers y venaient tenir le sabbat. On lit dans le *Tableau des mauvais anges*, de *de Lancre* : Voire même ; le diable est venu tenir ses assises au carrefour du Palais Gallienne, comme naguières, au supplice, Isaxe du Queyran, sorcier notable qui fut exécuté à mort en 1609, l'avoua.

Institution des Sourds-Muets.

L'art ingénieux de remplacer la parole par le geste a pris naissance chez les Espagnols. On attribue les premiers essais de cette science nouvelle à un bénédictin du monastère d'Ogna ; il s'appelait Pierre de Ponce. En 1570, deux frères et une sœur du connétable de Castille, sourds-muets, furent confiés à ce savant religieux, qui leur apprit, dit-on, par sa méthode, à lire, à écrire, à calculer, et qui leur enseigna les principes de la religion, les langues anciennes et étrangères, la peinture, l'astronomie, la tactique et la politique. Ponce n'a laissé aucun détail sur ses procédés. Les premiers ouvrages qu'on possède sur cette matière sont encore dus à deux Espagnols, Jean-Paul Bonnel et Ramirez de Carion. Après eux vinrent plusieurs Anglais qui pensaient chacun être le premier qui eût écrit sur l'éducation des sourds-muets ; enfin, en 1748, on vit à Paris l'Espagnol Pereira, qui présenta plusieurs de ses élèves à l'Académie des sciences, et obtint de cette compagnie l'approbation la plus flatteuse.

C'était à l'époque des plus grands succès de Pereira que le hasard fit connaître à l'abbé de l'Epée deux jeunes sœurs sourdes-muettes, à peu-près privées de tous moyens d'existence ; il entreprit de leur donner des soins, et le succès ayant dépassé ses espérances, il conçut l'idée de fonder une institution pour les sourds-muets. Il consacra toute sa fortune à cette bonne œuvre, et fut aidé par le duc de Penthièvre et par quelques personnes bienfaisantes ; mais il mourut au moment où Louis XVI avait accordé pour cette institution une somme de 31,000 liv. et une maison près de Célestins. L'établissement des sourds-muets à Paris fut l'objet d'un décret de l'assemblée constituante, sanctionné en 1791 par Louis XVI.

L'institution de Bordeaux, qui fut la seconde du royaume, a été fondée par M. de Cicé, archevêque de notre diocèse. Ce digne prélat avait envoyé à ses frais l'abbé Sicard, pour apprendre la méthode d'enseignement de l'abbé de l'Epée. A l'aide de plusieurs habitans de la ville, il forma une école de sourds-muets, qui fut d'abord établie rue Cap-de-Ville. Plus tard, les jurats accordèrent une pension à l'abbé Sicard, qui fut déclaré instituteur en chef. Cette école, qui a reçu depuis un accroissement considérable, est aujourd'hui située dans l'ancien couvent des Catherinettes. Un certain nombre d'enfans y sont admis aux frais de l'Etat ; les élèves y reçoivent des leçons de lecture, d'écriture, de calcul et de dessin, et ils apprennent dans les ateliers, dépendans de l'école, la profession pour laquelle ils montrent de l'aptitude. Le régime de la maison est confié à des dames de la congrégation de Nevers.

Il existe des établissemens de ce genre dans quelques autres villes du royaume, mais ils ne sont point assez considérables ni en assez grand nombre pour répondre aux besoins de la classe pauvre. On compte en France 20,000 sourds-muets appartenant presque tous aux familles d'ouvriers ; c'est $1/160$ de la population ; le nombre de ceux qui reçoivent une instruction quelconque est de 1 sur 4.

Dépôt de Mendicité.

On a fait de tous temps des efforts pour éteindre la mendicité, mais la charité et les lois répressives ont toujours été également impuissantes à détruire complètement cette maladie sociale ; on n'a pu encore y apporter que de faibles palliatifs. La loi a eu beau menacer les mendians de la chaîne, de la hart, du fouet, de la marque, des prisons et des galères, l'intrépide race des gueux, mendians et caïmans a toujours bravé avec succès les rigueurs de la loi. Ils avaient acquis pendant le moyen-âge une véritable puissance ; c'était un corps organisé, ayant ses lois, ses priviléges et sa fameuse *cour des miracles*.

Sous Louis XIV, les mendians arrêtés en récidive étaient condamnés aux galères. Les bagnes ne purent les recevoir: dans une seule année on en arrêta cinquante mille. Sous Louis XVI, pendant la révolution, sous l'empire, on essaya de les faire travailler dans des ateliers spéciaux ou de les retenir dans des maisons de répression. Mais toutes ces tentatives demeurèrent sans succès, et les dépôts de mendicité furent supprimés sous la restauration. Cependant on sentit dans les grandes villes du royaume la nécessité de s'occuper de cette classe nombreuse d'hommes, de femmes, d'enfans et de vieillards livrés à la mendicité et au vagabondage ; la ville de Bordeaux fut la première à donner l'exemple.

En 1827, M. le Baron d'Haussez, préfet du département, aidé par quelques-uns de nos concitoyens les plus honorables, fonda une société qui s'occupa des moyens de faire disparaître la mendicité dans Bordeaux. Toutes les mesures furent prises par l'administration pour éloigner de la ville les mendians étrangers ; et après l'expulsion de ces malheureux, dont le nombre s'élevait à plusieurs mille, il ne resta que deux cent soixante-six individus attachés à la localité. Un appel fut fait à la bienfaisance des habitans, et en moins d'un mois les souscriptions produisirent une somme de 312,000 francs acquitable en trois années. On choisit alors à l'extrémité de la ville un local qui fut approprié à sa nouvelle destination avec la plus sévère économie, et les mendians y furent établis sans aucun retard.

On aurait une idée bien fausse de notre dépôt de mendicité, si, croyant sans réserve aux objections qui ont été soulevées contre les établissemens de ce genre, on s'imaginait que cette maison de refuge, ouverte à des malheureux, est un encouragement offert à l'oisiveté, ou un piège tendu à la liberté individuelle : c'est une institution toute philantropique, qui est bien plutôt un hospice pour les mendians qu'un dépôt. Tous ceux qu'il renferme ont pleine liberté de le quitter, aucun n'est retenu par la force ; et d'autre part, ceci est important à remarquer, la population du Dépôt présente en moyenne un âge de 75 ans ; c'est assez dire qu'on n'y admet seulement des individus que la vieillesse et les infirmités empêchent de se livrer au travail et qui n'ont plus d'autres ressources que la charité publique. Ceux qui visiteront cet établissement y verront une réunion de vieillards courbés par l'âge, brisés par les fatigues, s'occupant encore d'une main faible et inhabile à convertir en étoupe quelques morceaux de cordage, seule industrie dont ils soient aujourd'hui capables.

Devant un pareil tableau on est obligé de reconnaître que l'aumône, malgré tous les inconvéniens et les dangers qu'elle présente, peut néanmoins, quand elle est ménagée avec sagesse, apporter d'utiles secours aux classes souffrantes.

Le Dépôt de Mendicité de Bordeaux est un établissement-modèle sous le rapport de l'organisation intérieure; et les grandes villes qui ont introduit chez elles des institutions de ce genre, ont adopté les mesures et les réglemens qui avaient été appliqués chez nous. Cependant il est nécessaire de dire que cet établissement, créé par la charité publique, entretenu pendant les premières années par les dons volontaires des habitans, n'a pu subsister jusqu'ici qu'à l'aide d'une allocation de 10 ou 12 mille fr. votée par le conseil municipal. Il aurait certainement péri, si l'on n'était venu ajouter à l'aumône individuelle l'aumône administrative ; et l'éventualité des ressources qui le maintiennent encore, inspire depuis long-temps aux administrateurs des craintes qui ne sont pas sans fondement. L'entretien annuel du Dépôt exige environ une somme de 50,000 fr. Les souscriptions et les dons volontaires ne fournissent plus aujoud'hui la moitié de cette somme, et le produit du travail des mendians dans l'intérieur de la maison ne s'élève guère au-delà de cinq cents francs ; quelques autres ressources du dépôt sont essentiellement irrégulières et variables. Des collectes faites dans les cercles, dans les loges maçonniques, les produits d'un bal, d'une représentation au théâtre, ne sauraient lui fournir un revenu fixe et certain ; et si l'on songe que les souscriptions, qui sont encore les plus fortes recettes du Dépôt, diminuent rapidement chaque année, on comprendra que ce n'est pas sans de puissantes raisons que l'on redoute la ruine d'un établissement assis sur des bases aussi précaires. Rien ne peut donc aujourd'hui le préserver d'un danger imminent que le zèle ardent des administrateurs et les efforts qu'ils feront pour réveiller la générosité des habitans de la ville.

Ce que les membres de la commission administrative, aidés du conseil municipal, ont fait depuis plusieurs années est une garantie de ce qu'on peut attendre de leur sollicitude dans ces circonstances fâcheuses; car il ne faut pas oublier que si l'existence du Dépôt a été prolongée jusqu'à ce jour, on le doit au zèle intelligent qu'ont déployé les hommes chargés de veiller à sa conservation. Parmi ceux qui ont mérité les plus justes éloges, on a remarqué M. Auguste, qui, placé dès l'origine à la tête de cet établissement, a montré sans cesse une rare habileté dans la direction générale, comme dans les plus minces détails d'organisation.

Cimetière.

Lorsqu'on supprima les cimetières des paroisses situés dans l'intérieur de la ville, une partie de l'enclos des Chartreux fut choisie pour lieu des inhumations. Le Cimetière forme un vaste rectangle clos de murs de trois côtés, borné du quatrième par le cours d'un ruisseau; il est entouré par de larges allées plantées de beaux arbres et bordées de deux lignes de monumens funèbres : ce sont les tombeaux des familles riches; tandis que les pierres tumulaires et les croix de bois qui parsèment le vaste champ intermédiaire, indiquent des sépultures plus modestes. Notre Cimetière n'occupe point un sol accidenté comme ceux de Montmartre et du père Lachaise, à Paris; il ne présente qu'une pente uniforme vers le midi. Les ifs, les cyprès s'y élèvent nombreux, les saules pleureurs y mêlent leur pâle verdure, de toutes parts croissent des touffes de rosiers. L'aspect de la *Chartreuse* rappellera bientôt ces bois sacrés dont les anciens entouraient leurs temples. L'arbrisseau qui prend racine sur une tombe est un emblême touchant de la douleur, qu'il appartient au pauvre comme au riche de consacrer à un pieux souvenir.

Les monumens que contient notre Cimetière sont nombreux, mais peu se distinguent sous le rapport artistique. Le tombeau qui attire surtout l'attention, est celui de l'épouse du maréchal Moreau, où se trouve déposé le cœur de ce général. Ce monument a été exécuté par M. Poitevin, sur les dessins de M. Mazois.

Les Quinconces. — Colonnes Rostrales.

Sur le terrain occupé par la promenade des Quinconces s'élevait jadis le Château-Trompette. Ce n'était, dans l'origine, qu'un petit fort que Charles VII avait fait construire lorsqu'il se fut rendu maître de la Guienne. Les Anglais avaient été chassés des provinces qu'ils occupaient en France, et Bordeaux avait fait sa soumission au Roi en 1451; mais deux ans après, quelques seigneurs du pays rappelèrent les Anglais, et Charles VII fut obligé de recommencer la guerre. Après la fameuse bataille de Castillon, où le général Talbot et son fils perdirent la vie, Bordeaux ouvrit une seconde fois ses portes au Roi de France, et, pour mieux s'assurer de la fidélité des habitans, Charles VII fit bâtir le fort *Tropeyte*, qui les tint en respect.

Pendant les guerres de la Fronde, les Bordelais avaient plusieurs fois pris les armes contre le gouvernement. Après la révolte de 1653, que les Ormistes ont rendue célèbre, le pouvoir jugea convenable d'augmenter les fortifications de la ville, pour contenir les habitans dans l'obéissance. Il avait prescrit la reconstruction du Château-Trompette sur un nouveau plan, et ce fut Vauban qu'il chargea de ce travail. On se mit à l'œuvre en 1660; mais quinze ans après, les habitans se soulevèrent encore à l'occasion d'un nouvel impôt. Louis XIV sentit alors la nécessité de terminer promptement la forteresse commencée. Tout ce qui se trouvait sur le terrain destiné à former l'esplanade du

Château-Trompette fut démoli : une porte de ville avec les anciens murs de clôture qui venaient y aboutir, deux couvens et un nombre considérable de maisons qui s'étendaient sur dix rues furent sacrifiés, sur les ordres du pouvoir. C'est alors qu'un des monumens les plus précieux parmi les antiquités de notre ville, un ancien temple romain qu'on désignait sous le nom de *Piliers-des-Tutelles*, et dont les ruines avaient été respectées jusque là, fut rasé du sol, afin que la volonté du Roi s'accomplît. Perrault vint dessiner ce monument quelque temps avant sa destruction ; c'est d'après son dessin qu'a été exécutée la gravure qu'on trouve dans l'histoire de Dom Devienne.

Un siècle ne s'était pas écoulé depuis la construction de la forteresse, que le gouvernement en autorisait la démolition. Par lettres-patentes de l'année 1785, le Château-Trompette fut concédé à M. Mengin de Montmirail, à la condition de faire exécuter à ses frais la façade de la place qui devait être formée au centre des terrains vendus, et la façade qui devait s'étendre de chaque côté sur la chaussée du port ; mais ce projet ne put être mis à exécution. En 1787, le gouvernement résilia la vente du Château et en arrêta la démolition. Sous le directoire et sous l'empire, on résolut encore de détruire cette ancienne forteresse, et de la remplacer par des constructions plus utiles ; on rendit des décrets, on fit des plans, mais les choses restèrent dans le même état : ces temps de crise n'étaient point favorables pour de pareils travaux.

Ce ne fut qu'en 1816, au retour de la paix, qu'on put exécuter ces projets d'embellissemens médités depuis tant d'années. Une grande partie des fortifications du Château était en ruines, et un amas d'échoppes construites sans aucun ordre sur les terrains environnans donnaient un hideux aspect à ce quartier, qui est aujourd'hui un des plus beaux de la ville. Deux années suffirent pour terminer les travaux de démolition et préparer convenablement le terrain. Le 22 janvier 1818, les autorités municipales assistèrent à la plantation solennelle des arbres qui forment les allées de la partie inférieure de la promenade ; entre ces allées on éleva une terrasse qui s'arrondit à l'une de ses extrémités, et dont le vaste pourtour est entièrement garni de plantations. A l'autre extrémité, du côté du port, deux colonnes de vingt mètres de hauteur ont été construites en 1829; elles sont surmontées de deux statues représentant le Commerce et la Navigation, et les quatre proues de navires antiques qui les décorent leur ont fait donner le nom de colonnes rostrales. On a vu long-temps sur cette place un piédestal qui attendait une statue de Louis XVI : la statue n'a jamais été placée, le piédestal a été détruit, et la place, qui portait le nom de Louis XVI, s'appelle aujourd'hui place Louis-Philippe. Une révolution a passé là.

Un grand nombre de rues larges et bien percées viennent aboutir à cette belle promenade, et relient le faubourg des Chartrons à la ville. De magnifiques maisons s'élèvent chaque jour dans ce quartier nouveau qui n'est encore que peu fréquenté. Parmi les édifices construits sur l'ancien terrain du Château-Trompette, on remarque deux établissemens de bains et l'entrepôt du commerce, dont nous parlerons plus loin.

Entrepôt Réel.

Les marchandises provenant des pays étrangers sont soumises à des droits lorsqu'elles sont destinées à la consommation intérieure ; elles en sont exemptes lorsqu'après leur entrée en France elles sont réexportées à l'étranger. Mais un négociant qui fait venir des marchandises ignore si elles seront consommées dans le pays ou hors de France ; on ne peut donc savoir si elles seront ou non assujetties aux droits. D'autre part, il est exposé à attendre long-temps un acquéreur, et il lui serait onéreux de payer des droits d'entrée avant d'avoir vendu ses marchandises. Ces circonstances ont donné lieu à la création des *Entrepôts*. Ce sont des magasins spéciaux soumis à la surveillance du gouvernement, et dans lesquels les négocians ont la faculté de déposer les denrées étrangères en attendant les acheteurs. Le négociant n'acquitte les droits auxquels elles sont soumises qu'au moment où il les livre au commerce intérieur, si elles sont destinées à la consommation du pays ; il les retire sans payer les droits de douane, si elles sont expédiées à l'étranger.

On conçoit combien de semblables établissemens sont favorables au commerce. Les Entrepôts qui existaient dans notre ville n'étaient point convenablement disposés pour une pareille destination, et ne répondaient point à l'importance commerciale de notre place. La chambre de commerce fit un appel aux capitalistes, et l'on réunit, au moyen d'actions, les fonds nécessaires à la construction d'un nouvel Entrepôt.

Cet édifice est situé sur l'angle nord du terrain occupé jadis par le Château-Trompette. Il est divisé, à l'intérieur, par deux grandes lignes d'arceaux, dont l'une part de l'entrée principale et débouche dans la rue Foy; l'autre traverse de la rue Ferrère au pavé des Chartrons. Au-dessus du rez-de-chaussée s'élèvent deux étages où conduisent quatre grands escaliers voûtés en briques. Des compartimens séparent les différentes marchandises, qui sont rangées avec un ordre admirable.

Les logemens et les bureaux, placés dans la partie antérieure de l'édifice, sont séparés des magasins par une grille en fer. Un immense vestibule, qui s'ouvre sur la place Lainé, facilite les abords de l'établissement.

Pour indiquer la destination de l'édifice, on a mis sur le mur de la façade une inscription en bronze qui ressemble assez à une enseigne.

Quatre piédestaux, appuyés contre les piliers de l'entrée principale, attendent des statues qu'on n'y placera jamais. On devait élever là des figures colossales représentant les quatre parties du monde ; mais on a sans doute jugé que ce monument ne valait pas une pareille décoration. Construit sur une place d'une irrégularité choquante, cet édifice immense, sans grandiose, ne représente de tous côtés que des lignes discordantes ; il n'en est aucun qui fasse moins d'honneur à notre ville si justement vantée pour sa belle architecture.

Temple des Protestans, aux Chartrons.

Le nouveau Temple situé rue Notre-Dame, aux Chartrons, dans le quartier où est réuni le plus grand nombre de Protestans, est un des plus beaux monumens modernes que renferme notre ville.

Une cour fermée par une grille en fer s'étend au-devant de l'édifice ; deux galeries qui s'élèvent sur les côtés de la cour aboutissent à des pavillons ouvrant sur la rue et offrent un passage couvert jusqu'au vestibule du Temple. Ces accessoires sont d'un style étrange et plein d'originalité.

La façade est décorée d'un avant-corps formé de quatre colonnes supportant un fronton, au-dessus de l'avant-corps, sur le mur de la façade, le livre de la Bible, sculpté en bas-relief, rayonne au milieu d'une gloire de nuages, et indique, à la fois, la destination religieuse de l'édifice et la secte particulière à laquelle il appartient. On monte au vestibule par un perron composé de trois marches.

Le Temple a 104 pieds de profondeur sur une largeur de 48 pieds de diamètre ; sur le côté opposé, une tribune, ornée d'une rampe en fer, forme un amphithéâtre élevé sur quatre colonnes d'ordre composé. C'est dans cette tribune que sont placées les orgues. Au-dessus de l'entablement se développe une voûte demi-circulaire, coupée par six croisées en plein cintre qui éclairent l'intérieur du Temple.

La chaire, placée au fond du rond-point, est d'une composition simple et parfaitement en harmonie avec le caractère général de l'édifice et la sévérité du culte protestant. Une belle table de marbre blanc est placée au-devant de la chaire, c'est la table de communion. Des bancs fixés sur le parquet, depuis le sanctuaire jusqu'à l'entrée du Temple, sont destinés aux fidèles, qui se trouvent placés en face du prédicateur. Cette disposition est plus favorable à la portée de voix que celle des églises catholiques.

Ce monument, harmonieux dans ses proportions, d'un aspect simple et grandiose à la fois, est un des plus beaux que la religion réformée possède en France ; il est dû à l'habile architecte qui a construit aussi un temple au culte israélite. L'artiste a su donner à ces deux édifices religieux, mais destinés à des cérémonies si différentes, le caractère particulier qui leur convenait, et qu'il a cherché dans les croyances mêmes des fidèles qui viennent s'y réunir.

Les hommes de l'art ont remarqué dans la charpente de la nef du Temple protestant des dispositions neuves et hardies qui méritent de fixer l'attention, et dont l'emploi pourrait offrir de grands avantages pour la construction des voûtes.

Des bâtimens spacieux qui renferment des écoles d'enseignemens mutuels pour les enfans des deux sexes, une salle d'assemblée, divers logemens, viennent s'ajouter au temple, ainsi que la partie de l'édifice qui renferme la cloche. Mais toutes ces constructions diverses ont été si habilement disposées qu'elles ne nuisent aucunement à l'harmonie de l'ensemble. Il est à regretter qu'un pareil monument ne soit pas entièrement dégagé des maisons particulières qui l'environnent.

Le nouveau Temple des protestans a été construit par M. Corcelles, en 1836.

Église Saint-Louis.

Bâtie en 1671, cette église, plus récente que Saint-Bruno, antérieure à Saint-Dominique, se rapproche de l'une et de l'autre pour le type architectural, mais elle leur est inférieure dans l'ensemble et dans les détails.

L'édifice présente la forme d'une croix ; les bas-côtés sont ornés de chapelles régulières ; le maître-autel est décoré sinon avec un goût très-pur, du moins avec profusion.

Le lambris, en forme de voûte, a été peint récemment ; les décorations en sont simples et convenables. Nous ne saurions faire le même éloge d'un médaillon représentant l'Assomption, qui, placé au centre de l'édifice, figure une sorte de coupole.

On remarque parmi les tableaux qui décorent cette église un Saint-Roch, dû au pinceau de M. Lacour père.

La sacristie de Saint-Louis, décorée avec beaucoup de soins, mérite d'être visitée.

Ancien Moulin des Chartrons. — Fabrique de porcelaine.

Il est dans la destinée de certains établissemens de n'obtenir un succès durable qu'après qu'ils ont subi plusieurs modifications. Souvent les premiers frais ont été considérables, les revenus ne se trouvent pas en rapport avec les capitaux dépensés, et les propriétaires refusent de travailler à perte; mais il arrive alors que l'établissement vendu au rabais offre de meilleures conditions à des acquéreurs plus heureux : tel a été le sort du Moulin des Chartrons, le plus bel édifice que l'industrie ait élevé dans notre ville. — Il fut construit en 1788, par M. Clochard, architecte. Le propriétaire, M. Teynac, y établit 24 meules, qui, mues par le flux et le reflux de la Garonne, produisaient 1,000 quintaux de farine en 24 heures; mais les vases déposées par les eaux du fleuve obstruèrent les canaux, et les meules s'arrêtèrent dès la troisième année.

M. Teynac se proposait de remédier à cet inconvénient, et s'occupait activement de vaincre les difficultés qui s'étaient opposées au succès de son entreprise, quand la mort vint l'enlever à ses travaux.

Pendant 18 ans cet édifice a servi d'entrepôt pour les denrées coloniales; plus tard, le gouvernement y plaça le dépôt des tabacs en feuilles.

M. Lafitte, qui s'est fait un nom honorable comme négociant et comme marin, essaya ensuite de rendre cet

ANCIEN MOULIN DES CHARTRONS.
FABRIQUE DE PORCELAINE.

établissement à sa destination primitive, mais en substituant, pour mouvoir les meules, l'action de la vapeur à celle de l'eau. — Il convertit aussi les bassins en école de natation. La concurrence des bains flottans empêcha le succès de cette dernière entreprise, et par d'autres causes, le Moulin lui-même demeura peu de temps en activité.

Ce beau local restait sans destination, quand M. David Jonhston est venu y établir une fabrique de poterie sur des proportions immenses. Plusieurs centaines d'ouvriers y sont occupés chaque jour. Les grés et la demi-porcelaine qui sortent de cette manufacture ne le cèdent ni pour l'élégance des formes, ni pour les dessins, ni pour la solidité, à ce que l'Angleterre produit de plus parfait. C'est un acte de patriotisme que d'avoir introduit une industrie nouvelle dans une ville encore étrangère aux grandes entreprises qui ont fait la richesse du nord de la France. On ne saurait donner trop d'éloges aux citoyens honorables qui s'efforcent de relever par les progrès industriels la prospérité d'un pays où les transactions commerciales deviennent moins actives de jour en jour.

Manége Royal.

Il existait à Bordeaux un établissement pour l'éducation des jeunes gens destinés à occuper les grades d'officiers dans les régimens de cavalerie. Cette institution, qui s'appelait l'Académie du Roi, avait été fondée en 1716 ; elle était établie dans un local situé au coin des rues Pont-Long et de Collignan. En 1754, les jurats décidèrent qu'elle serait transférée dans un nouveau manége qu'on élèverait auprès du Jardin-Public. La construction de ce nouveau local fut en effet commencée l'année suivante ; mais les discussions qui s'élevèrent alors entre la jurade et M. de Tourny retardèrent l'achèvement de l'édifice, qui ne fut ouvert qu'en 1757.

Les exercices du manége se faisaient sous les yeux du public ; M. de Tourny avait voulu exciter par ce moyen l'émulation des élèves. L'arène était adossée contre un des péristyles du Jardin-Public, et fermée seulement par une clôture à claire-voie. Ces dispositions furent changées en 1785, et depuis cette époque le manége est clos de toutes parts.

L'école d'équitation est dirigée par un commandant, auquel est adjoint un écuyer-professeur.

On trouve dans le même établissement une école de gymnastique.

Jardin-Public.

Le Jardin-Public est encore une création due au zèle infatigable de M. de Tourny. L'emplacement sur lequel ce Jardin est établi était un terrain marécageux, planté çà et là de quelques vignes. Par un arrêt du conseil, rendu le 15 Janvier 1747, sur les instances du célèbre intendant, l'administration municipale de la ville fut autorisée à faire l'acquisition du terrain, et à employer une somme de 80,000 fr. pour la formation de cette nouvelle promenade. M. de Tourny eut aussi à lutter, dans cette circonstance, contre le mauvais vouloir des intérêts privés : deux conseillers du Parlement qui possédaient les enclos connus aujourd'hui sous les noms de *Bardineau* et de *Longchamps,* refusèrent obstinément d'en faire cession à la ville, et empêchèrent ainsi l'intendant de donner au nouveau Jardin toute la regularité symétrique.

L'aspect de ce lieu a bien changé depuis sa première transformation : le grand carré du centre, qui était autrefois un vaste et magnifique parterre, est devenu un boulingrin en désordre, dont l'herbe est foulée par les troupes de la garnison qui viennent y faire leurs manœuvres. Une ordonnance de police, rendue en 1827, permit de laisser entrer les chevaux et les voitures dans le Jardin. En troublant la sécurité, qu'on doit trouver dans une promenade, on en éloigna le public lorsqu'on voulait l'y attirer. Sur la terrasse, qui s'étend dans la partie méridionale du Jardin, deux péristyles élégans étaient ouverts aux promeneurs ; ils sont aujourd'hui fermés, on ne sait trop pour quels motifs. On a souvent parlé de restaurer ce Jardin et de lui rendre son ancienne splendeur ; il serait à désirer qu'on préservât au moins de nouvelles dégradations cette magnifique promenade, la seule où l'on trouve quelque ombrage dans les chaleurs de l'été.

La fondation du Jardin-Public a donné lieu à d'immenses travaux qui ont beaucoup contribué à l'assainissement et à la richesse de ce quartier. M. de Tourny fit ouvrir de grandes rues et des routes nouvelles qui facilitaient les abords de cette promenade, augmentaient la circulation et décuplaient la valeur des terrains qui l'environnent. Les cours du Jardin-Public, St.-André et St.-Louis continuèrent cet immense boulevard qui entoure toute la ville ; à chaque porte du Jardin vint aboutir une vaste rue qui ouvrait de nouvelles communications avec le faubourg St.-Seurin, le chemin de Médoc, la rue Fondaudège et les Chartrons.

Ainsi l'illustre intendant, qui, dans son infatigable activité, transforma la ville tout entière, songeait sans cesse, lorsqu'il l'enrichissait de nouveaux embellissemens, aux moyens d'accroître la prospérité du pays ; et toutes ces conceptions, qu'il exécutait avec zèle, témoignent de son ardent amour pour la cité dont l'administration avait été remise à ses soins intelligens.

Hôtel des Contributions indirectes.

Il existait autrefois des taxes sous le nom d'aides ou de gabelle, qui, renouvelées et considérablement accrues par l'impôt des besoins, prirent, sous le régime impérial, le nom de *Droits réunis*, et furent soumises à une administration unique.

L'impopularité de cet impôt ne fut pas étrangère à la chute de l'empire ; aussi les Bourbons promirent-ils à leur rentrée d'abolir les *Droits réunis ;* ils se contentèrent d'en changer le nom.

L'administration des *Contributions indirectes* a pour siège, dans notre ville, l'hôtel Lilleferme, qui est situé place Bardineau, mais dont la principale façade prend jour sur le Jardin-Public. A chaque révolution cet édifice est témoin de scènes tumultueuses ; car de tout temps le peuple s'est montré hostile aux impôts de consommation, et l'échauffourée se termine toujours par un auto-da-fé de registres. En 1830, le Directeur, se trouvant surpris par l'émeute, jugea prudent de se réfugier par une fenêtre dans un hôtel voisin qu'occupait un pensionnat de demoiselles, et les révolutionnaires, satisfaits d'incendier des papiers, ne songèrent pas à l'inquiéter dans cette paisible retraite.

Église Saint-Martial.

M. de Tourny avait résolu d'élever une église à l'endroit où le cours Saint-André se joint au chemin du Roi : c'est un point central qui se trouve en communication facile avec tout le faubourg des Chartrons. Les plans furent adoptés; mais la jurade et le parlement s'opposèrent à l'exécution. L'intendant avait eu gain de cause à Paris devant l'administration, lorsqu'appelé dans la capitale pour exercer les fonctions de conseiller-d'état, il laissa à son fils le soin de faire exécuter son projet. Les fondemens de l'église furent jetés, mais les travaux restèrent bientôt abandonnés pour n'être plus repris.

L'église projetée par M. de Tourny eût suffi aux besoins du culte catholique pour tout le faubourg important des Chartrons, tandis qu'il a fallu établir dans le même quartier une église paroissiale, Saint-Louis, et une succursale, Saint-Martial. Nous nous sommes déjà occupés de la première ; pour la seconde, elle est d'une construction telle que le plus modeste village n'oserait s'en glorifier. Nous voyons souvent d'anciennes églises dont on a fait des magasins; au contraire, c'est ici un magasin qui s'est changé en temple chrétien.

M. Drivet fit construire cet oratoire à son usage, et y admit le public; plus tard, la ville en a fait l'acquisition. L'édifice n'est composé que d'une nef étroite et longue, dont le plafond est fort peu élevé. On y a placé quelques statues en bois peint. Les dorures du maître-autel le surchargent sans l'orner. Les tableaux et les gravures qui décorent Saint - Martial ne sont pas dignes d'y attirer les étrangers, toutefois nous n'en dirons pas autant des stalles du chœur, qui sans doute proviennent de quelque ancien couvent : elles présentent des sculptures sur bois fort curieuses, représentant des animaux, des êtres fantastiques et des scènes grotesques. C'est une œuvre qui appartient sans doute au quinzième siècle. Ces sculptures, moins bien conservée, que celles de Saint-Seurin, ne leur cèdent guère pour l'exécution.

Magasins des Vivres de la Marine.

Ces magasins, situés sur le quai de Bacalan, ont été construits sous la direction de M. Bergerac, dans l'espace de trois ans, de 1785 à 1788.

Ils sont destinés au dépôt et à la préparation des vivres pour la marine de l'Etat ; une partie du local sert aussi à l'entrepôt général de la marine, qui était auparavant situé dans le quartier de Paludate. C'est en 1818 qu'il a été réuni, ainsi que les bureaux qui en dépendent, aux magasins des vivres.

Les constructions de cet établissement ne s'élèvent point au-dessus du rez-de-chaussée, mais les magasins qu'elles renferment sont immenses, et, avec les ateliers qu'on y a joints plus tard, ils suffisent aux besoins de l'administration. L'entrée s'ouvre sur la façade du quai, au n.° 271. On trouve à l'intérieur cinq grandes cours formées par les divers corps du bâtiment ; l'ordre le plus parfait se fait remarquer dans les magasins et les ateliers.

Une large cale, solidement construite, s'avance dans la rivière et facilite les abords de l'établissement. Un embarcadère offre les moyens d'opérer à peu de frais les transports dans les magasins ou à bord des navires.

Deux boucheries qui servent à l'abattage des bœufs pour les salaisons de la marine ont été construites au bord de la rivière, et sont complètement séparées du reste des bâtimens.

En 1825, on a ajouté dans l'une des cours intérieures un atelier spécial pour la préparation des viandes et des tablettes de bouillon à l'usage des marins malades à bord des navires de l'Etat.

Verreries.

Les verreries tiennent le premier rang parmi les établissemens de notre ville; c'est une industrie qui appartient à la localité. Notre commerce expédiant à l'étranger beaucoup de vins fins, doit nécessairement faire une grande consommation de bouteilles. Les fabriques de verre blanc ne présenteraient pas les mêmes avantages dans l'écoulement de leurs produits.

Ceux qui visitent une verrerie sont étonnés, non-seulement de l'aspect de la fournaise qui met la matière en ébulition, mais surtout de l'adresse et de la rapidité avec lesquelles les ouvriers accomplissent le travail si difficile à la confection des bouteilles.

Bordeaux possède quatre verreries : deux sont situées dans le faubourg des Chartrons, deux autres dans celui de Paludate; mais tous ces établissemens ne sont pas aujourd'hui en activité.

Marché des Chartrons.

Le nombre des marchés où l'on vend chaque jour les comestibles doit être proportionné à la population et à l'étendue d'une ville : trop distants, ils causent aux consommateurs des déplacemens pénibles ; trop multipliés, ils ne présentent que des approvisionnemens incomplets, et l'acheteur ne peut plus exercer son choix sur un grand nombre d'objets.

Avant la révolution, le Marché unique était situé à l'extrémité de la rue des Épiciers. L'abattoir, qui en dépendait, a même existé jusqu'à ces dernières années. Après la suppression de cette halle, les autorités locales ont établi le Grand-Marché et celui des Récolets. Mais le faubourg de Chartrons, par son importance, par sa situation, semblait réclamer aussi un établissement de ce genre : il fut, en effet, placé dans une situation très-convenable, entre le cours Saint-André et la rue Notre-Dame. Néanmoins toute les prévisions ont été trompées, et l'avantage de la proximité n'a pu triompher des habitudes prises ; les habitans des Chartrons ont continué à s'approvisionner en ville, et quelques bancs à peine sont occupés dans la nouvelle halle.

Le Marché des Chartrons est orné de deux fontaines surmontées d'obélisques d'un dessin simple et parfaitement semblables ; les ornemens sculptés sur l'un sont scrupuleusement reproduits sur l'autre ; ce n'est qu'à

MACHÉ DES CHARTRONS.

l'époque de l'art gothique qu'on a pu comprendre que la symétrie n'excluait pas la variété.

Les deux obélisque portent aussi la même inscription, qui est ainsi conçue :

ÉRIGÉ L'AN 1800,
SOUS L'ADMINISTRATION DE
MM. THIBAUDEAU, PRÉFET DU DÉPARTEMENT,
ET FIEFFÉ, MAIRE DU NORD.

Ecole Normale.

La révolution de 1830 ayant amené un développement de l'enseignement primaire, des écoles normales ont été fondées dans les départemens, afin de former des instituteurs capables. Nous allons donner une idée de l'organisation de celle de la Gironde, qui a été jusqu'ici dirigée avec intelligence et succès.

Les matières enseignées dans l'Ecole sont : la religion et la morale, la lecture, l'écriture, la langue française, l'arithmétique, la géométrie, le lever des plans, le dessin linéaire, la géographie, l'histoire, la musique, quelques notions de physique, de chimie, de mécanique, d'histoire naturelle et d'horticulture; enfin, on met les élèves en mesure de professer, en leur développant une méthode d'enseignement.

Avant d'être admis dans l'Ecole, les jeunes gens, qui doivent être âgés d'au moins seize ans, subissent un examen. D'après leur force il leur est accordé des bourses entières ou des portions de bourses. Ceux qui n'ont point obtenu de semblables faveurs sont entièrement libres en quittant l'école; les autres au contraire sont obligés de se vouer à l'enseignement primaire pendant dix ans ; il est vrai qu'ils sont dispensés du service militaire.

Les élèves-maîtres passent deux années dans l'École. Après ce temps, ils subissent un examen public, et, suivant leur capacité, ils obtiennent un brevet du degré supérieur ou du degré élémentaire.

A sa sortie de l'Ecole, chaque instituteur est envoyé dans une commune qui, indépendamment de l'indemnité qu'elle lui accorde pour instruire les enfans pauvres, lui fournit un local convenable pour sa classe et un logement personnel.

L'édifice où est établie l'Ecole normale est régulier, bien distribué et situé dans un quartier sain ; il servait primitivement à une manufacture de faïence.

On a placé dans le même bâtiment deux écoles primaires, dirigées l'une d'après la méthode mutuelle, l'autre d'après la méthode simultanée. Ces deux annexes de l'École normale deviennent très-profitables aux élèves-maîtres, qui, là, s'essayent à professer les matières qu'ils étudient, et à mettre en pratique, sous les yeux d'un directeur habile, les méthodes d'enseignement qu'on leur a développées. C'est ainsi qu'ils peuvent passer de la théorie à la pratique, et se trouvent dignes de remplir la mission importante qui leur est confiée.

Marché des Grands-Hommes.

Cette place a été formée sur les terrains de l'ancien couvent des Dominicains; et comme ces religieux portaient également le nom des *Récolets*, ce Marché est encore connu parmi le peuple sous cette dernière dénomination ; celle de place des Grands-Hommes lui vient des rues qui s'y réunissent: ce sont, en effet, les rues Voltaire, Montesquieu, Buffon, J.-J. Rousseau et Montaigne. Tous ces noms appartiennent à des philosophes du dernier siècle, à l'exception de celui de Montaigne, qui, au reste, ne figure pas mal parmi eux en sa qualité sceptique. Ce quartier, qui est fort bien percé, fut bâti sous le gouvernement révolutionnaire, et on le consacra, comme un monument, aux hommes dont les doctrines avaient préparé un changement social.

Le Marché des Grands-Hommes présente une forme circulaire, et les bancs sont rangés en circonférences concentriques; un large passage correspond à chacune des cinq rues par lesquelles on peut arriver. Cette heureuse disposition rend la circulation très-facile.

Les bancs en bois sur lesquels était débité le poisson ont récemment été remplacés par des tables de marbre qui ne peuvent s'imprégner d'aucune odeur désagréable: c'est là une amélioration bien entendue.

Il serait à désirer que l'administration municipale remplaçât le réverbère élevé au centre du Marché par une lampe à réflecteurs, qui projetterait la lumière dans le sens des cinq avenues.

Caserne Municipale.

La partie de l'ancien Hôpital Saint-André qui formait l'encoignure des rues des *Trois-Conils* et *Saint-Paul* a été démolie pour faire place à un édifice destiné au logement de la garde soldée de la ville.

La Caserne municipale se trouve parfaitement isolée ; elle est d'une construction simple et qui n'exclut pas l'élégance; une partie des bâtimens est réservée pour servir de maison de dépôt, où l'on place les individus arrêtés par la police jusqu'à ce qu'ils aient subi un premier interrogatoire.

L'Hôtel-de-Ville est réuni à cette Caserne par un passage voûté qui se prolonge sous les rues Monbazon et des Trois-Conils ; c'est par ce corridor souterrain que les détenus sont conduits au dépôt; par là également les gardes municipaux se rendent à leur poste sans communiquer avec l'extérieur.

Les travaux faits pour creuser ce *Tunnel* ont amené la découverte de plusieurs pierres antiques. Nous ne pensons point qu'un monument ait existé à l'époque romaine dans le lieu même où les fouilles ont été exécutées. Il paraît plus vraisemblable que dans la construction de la seconde enceinte de la ville, élevée vers le neuvième siècle, on utilisa les débris d'un ancien édifice, un temple sans doute, renversé par le temps ou par la main des barbares. Le nom même de la rue des *Remparts*, qui est adjacente, vient corroborer cette opinion.

La plupart des pierres découvertes sont de forme circulaire et d'une dimension colossale ; elles faisaient partie de colonnes cannelées ; mais on a surtout remarqué un fragment de fronton dont les sculptures, fortement fouillées, représentent des hommes occupés à élever des pièces de bois. Ce morceau est précieux pour l'art quoi qu'il ait subi de nombreuses mutilations.

Fort du Hâ.

Charles VII ne resta pas d'abord paisible possesseur de la Guienne, que les troupes et les flottes de l'Angleterre menaçaient toujours les bourgeois de Bordeaux attendaient que la victoire se fût définitivement fixée pour se donner au plus fort. Le roi de France pensa qu'il lui importait d'avoir deux points fortifiés, d'où ses hommes d'armes pussent surveiller ces bourgeois à la fidélité douteuses et les écraser en cas de révolte. Aussitôt les travaux furent commencés pour élever deux forts l'un au nord de la ville, appelé Tropeyte ou Trompette, dont nous avons déjà parlé ; l'autre au sud, appelé Château du Hâ. Ce dernier, commencé le 24 janvier de l'an 1456, fut, quelques années plus tard, inauguré par Louis XI.

Le 10 avril 1469, Charles, frère du Roi, prenait possession de son duché de Guienne. Le jour de son entrée solennelle, il entendit les offices à Saint-André, revêtu d'un surplis et d'une chape ; puis, accompagné par ses hommes d'armes, il alla loger au Château du Hâ. C'est là que le frère et le rival de Louis XI, celui qui avait été le chef nominal de la ligue du bien public, et qui aspirait à devenir gendre du duc de Bourgogne, tint sa cour durant les courts instans qu'il lui était donné de vivre. Un jour que le jeune duc soupait avec la dame de Monsoreau, sa maîtresse, celle-ci lui offrit une très-belle pêche ; ils la partagèrent : ce fruit était empoisonné. La jeune femme mourut bientôt après ; Charles, dont le tempérament était plus fort, résista plusieurs mois ; mais il finit par succomber après avoir perdu les cheveux et les ongles. L'abbé de Saint-Jean-d'Angely porta la peine de ce double empoisonnement, néanmoins les soupçons de complicité remontèrent jusqu'au roi Louis XI.

Le Fort du Hâ, élevé par la royauté contre la commune, devint inutile quand tout esprit d'indépendance locale se fut éteint; aussi, par la suite fut-il transformé en prison. C'est l'usage auquel il a été consacré jusqu'à ces dernières années. Cette prison, trop peu spacieuse pour la population des prévenus et des condamnés, avait encore l'inconvénient d'être fort mal distribuée. Une des hautes tours du Fort du Hâ et ses vieux remparts ont été abattus ; les plans sont dressés, les fondemens sont creusés : on va élever sur l'emplacement de l'ancien Château un palais de justice et une nouvelle prison appropriée aux progrès du régime pénitentiaire.

Église Saint-Nicolas-de-Graves.

Le quartier connu sur le nom de *Saint-Nicolas-de-Graves* s'appelait jadis faubourg des *Gahets*. M. Bernadau nous donne, à ce sujet l'explication suivante. « L'ancienne dénomination de ce quartier vient de ce qu'il fut autrefois la demeure exclusive d'une race d'hommes qu'on prétendait descendre des Sarrasins qui ravagèrent l'Aquitaine, où quelques hordes s'établirent au neuvième siècle. Quoiqu'ils eussent adopté la religion et les usages des peuples vaincus, ils ne parvinrent jamais à faire oublier leur origine. Elle était, dit-on, remarquable par la lèpre qui était endémique parmi eux. Comme cette maladie se prenait par la fréquentation de ceux qui en étaient attaqués, ceux-ci furent nommés *Gahets*, du verbe gascon *gohar*, qui signifie prendre. Les préjugés les éloignaient des autres habitants. » Une ordonnance de police, rendue par la jurade, en 1555, porte: « Ceux que l'on » nomme Nouveaux Chrétiens, ou *Gahets*, ne pourront » sortir hors de leurs maisons ni entrer dans la ville, » sinon qu'ils portent une enseigne de drap rouge cou- » sue audevant de leur poitrine, et qu'ils n'aient les » pieds chaussés, sous peine du fouet et d'amende » arbitraire; et ne pourront, lesdits Gahets, entrer ès » boucheries, tavernes, paneteries de la ville et prin- » cipalement avec l'autre peuple, auxdites peines. »
Cette distinction fâcheuse a depuis long-temps dis-

paru, et le quartier habité par la race maudite ne porte plus que le nom de la succursale qui y est située.

L'église Saint-Nicolas, telle qu'on la voyait encore il y a peu d'années, était inférieure pour la construction aux plus pauvres églises de campagne. Le local qu'elle occupait a été aujourd'hui transformé en école chrétienne. — On voit sur le côté opposé de la route une croix dont le socle sculpté avec soin, doit appartenir à une date ancienne.

La nouvelle église, située à quelque distance, n'est bâtie que depuis peu d'années, c'est un édifice convenable, dont l'architecture est élégante et simple : deux tours d'une élévation médiocre ornent le portail. Quelques tableaux peints avec soin viennent d'être placés dans cette église.

Bains Saint-Nicolas.

Auprès de l'église de ce nom, on voit un vaste édifice qui contient à la fois de bains, une blanchisserie et un moulin à vapeur.

Cet établissement a été créé par une société qui voulut utiliser une source abondante située dans ce lieu.

Nous devons à cette société l'abaissement du prix des bains, qui était auparavant à un taux peu accessible aux classes laborieuses; mais cet avantage a été plus profitable au public qu'aux actionnaires : les baigneurs n'arrivaient que peu nombreux dans ce faubourg éloigné; cependant, grâce à une ligne d'omnibus récemment établie, les bains Saint-Nicolas paraissent aujourd'hui plus fréquentés.

La blanchisserie du linge forme à Bordeaux, comme dans la plupart de nos villes, une industrie des plus mal organisées. Les femmes qui se livrent à cette occupation se rendent à des lavoirs situés pour la plupart sur le Peugue, la Devèze ou l'Estey de Bègles; là, placées dans un baquet, au milieu du ruisseau, elles travaillent exposées à toutes les intempéries de l'air; de telle façon que la double opération de laver et de sécher le linge devient difficile dans le temps pluvieux, et impossible pendant les fortes gelées. — Tout ces inconvéniens disparaissent dans la blanchisserie Saint-Nicolas : les lavoirs sont placés dans des galeries closes et bien éclairées ; l'eau est toujours maintenue à une température convenable.

Une sécherie à l'air libre a été ménagée sur la terrasse qui couvre l'édifice, d'autres sécheries sont placées dans les divers étages ; une pelouse reçoit les pièces de linge qui doivent être placées sur l'herbe ; la buanderie est parfaitement organisée. — Tant d'avantages n'ont pu néanmoins jusqu'ici triompher des vieilles habitudes.

Le moulin à vapeur n'a pas réalisé tous les profits qu'on pouvait en attendre, non qu'il ne fonctionne très-bien ; mais peut-être parce que l'éloignement du port et du centre de la ville fait supporter aux blés et aux farines un double tansport trop dispendieux.

Les bâtimens de l'établissement Saint-Nicolas, sont partagés en deux corps de logis. Dans le plus considérable se trouve placés le moulin et la blanchisserie ; l'autre, qui en est séparé par un parterre, est destiné aux bains, et présente une façade très-élégante.

Ces diverses constructions sont dues à M. Durand, architecte, et font honneur à son talent.

Chantier du Roi,
Quai de Paludate.

Un chantier de construction maritime du gouvernement est situé en face de l'Hospice des Enfans-Trouvés. Depuis 1759 jusqu'en 1814, divers bâtimens de l'État y ont été construits, entr'autres *l'Amphitrite, la Belle-Poule, la Tourterelle*, qui ont gardé un nom dans les annales de la marine française. Au mois de Mars 1814, lorsque l'armée anglo-portugaise s'avançait de la Péninsule et venait prendre possession de Bordeaux, une belle frégate presque entièrement achevée occupait notre chantier. On pouvait supposer avec vraisemblance qu'un pareil butin serait du goût de nos voisins d'outre-mer, et les intentions des vainqueurs devaient nous être suspectes ; aussi, par ordre du commissaire de la marine, la frégate fut-elle renversée. Ce bâtiment, qui était d'une grande valeur, a été perdu pour tous, on n'a pu en utiliser que les débris.

Depuis cet événement aucun navire de l'État n'a été fait à Bordeaux. Le vaste emplacement employé à ces constructions sert aujourd'hui d'entrepôt pour les bois qui doivent être employés dans les chantiers royaux; mais, en cas de guerre maritime, il reprendrait son ancienne destination.

Chantiers de Construction
Pour les Navires de Commerce.

Les navires qui sortent de nos chantiers ont acquis une grande réputation pour leur solidité, leur élégance et la supériorité de leur marche.

Cette industrie, qui fait le plus grand honneur à notre ville, et qui fournit du travail à un grand nombre d'ouvriers, a pour succursales d'autres établissemens, tels que les ateliers de voiliers et les corderies.

Nos chantiers étaient autrefois tous situés en Paludate; mais leur avenir parut menacé par la construction du pont et par l'accroissement d'un banc de sable qui rendait difficile la mise à l'eau des bâtimens d'un fort tonnage : alors plusieurs établissemens de ce genre furent formés à Bacalan, et le chantier de M. Chaigneau, situé à Lormont, prit une grande importance. Ce dernier est couvert d'un vaste hangar d'une structure très-hardie. Cette disposition, qui a l'avantage de mettre les ouvriers à l'abri des intempéries des saisons, a été depuis imitée par d'autres constructeurs. On voit, au chantier de Lormont, le *rail-way* marin, appareil ingénieux et puissant, à l'aide duquel on peut élever un navire de la plus grande dimension avec ses agrès et son chargement. Ce procédé offre de grands avantages, la visite est mieux faite que sur les pontons, et le radoub a lieu avec une économie de temps et de dépense. — Les anciens connaissaient un moyen analogue

CHANTIERS DE CONSTRUCTION
Pour les Navires de commerce.

pour tirer leurs galères à sec, comme le témoigne ce vers d'Horace:

Trahuntquæ siccas machinæ carinas.

Cet usage, qui embarrassa souvent les traducteurs et les commentateurs, vient de nous être expliqué par l'invention du *rail-way* marin.

Les chantiers de Paludate ont repris depuis plusieurs années leur activité. Le pont n'oppose pas un obstacle réel au passage des navires avant qu'on y ait placé les mâts; et à l'aide d'une digue jetée sur la rive droite, qui a près d'une lieue de longueur, et qui diminue en quelques endroits le fleuve d'un tiers de sa largeur, on a détourné les courans et enlevé le banc de sable qui gênait les constructeurs. Cette mesure a obtenu un succès si complet, que MM. Courau et Arman ont récemment lancé une frégate faite pour le gouvernement du Chili.

Dans ces dernières années on a construit dans notre ville des paquebots à vapeur pour le Hâvre et pour Nantes, et un grand nombre de bateaux à vapeur destinés à la navigation de la Garonne, les uns en bois, les autres en fer. On espère que ceux-ci, à cause de leur faible tirant d'eau et de la force avec laquelle il refoulent le courant, résoudront le problème que présente la remonte du fleuve.

Bains Flottans.
Près le Pont.

Bordeaux est demeuré bien long-temps privé d'un établissement où les jeunes gens pussent s'exercer, avec sécurité, à l'art nécessaire de la natation. Cet exercice, si périlleux pour ceux qui débutent, ne pouvait être tenté que sur les bords vaseux de notre fleuve, ou sur les bancs de sables qui, par l'inégalité du fond, offrent de nombreux dangers. Enfin, les bassins de l'ancien moulin des Chartrons furent convertis en école de natation, et bientôt après des bains flottans furent établis sur la Garonne, en amont du pont, par les soins de M. Rivière.

Ces Bains sont composés d'un immense bateau, dont les extrémités, fermées simplement par un grillage, laissent passage au flux et au reflux. Le courant continuel qui règne dans le bassin est pour les baigneurs la meilleure garantie de propreté. Deux escaliers laissent un passage pour descendre dans le bassin. Le tour du bateau est occupé par un rang de cellules : à l'une des extrémités est placée la lingerie, à l'autre le restaurant. Un pont en bois conduit du quai aux Bains flottans ; il est mobile, et offre un abord facile à quelque hauteur que se trouvent les eaux de la Garonne.

Ecole secondaire de Médecine.

Située dans un des quartiers les plus pauvres de notre ville, l'École de Médecine a son entrée principale sur la rue de Lalande, non loin de la place d'Henry IV. La façade de cet édifice est ornée de quatre pilastres d'ordre composite, entre lesquels sont placés des médaillons en bas-relief.

Le portail, décoré de sculptures, est soutenu par deux colonnes. Cette façade, qui ne manque pas d'élégance, perd son caractère monumental par sa contiguïté avec les maisons voisines. Les bâtimens de l'École sont composés de trois corps de logis séparés, auxquels on arrive par une cour : celui qui, en entrant, est situé à droite, sert de logement au concierge ; à gauche est la salle destinée aux séances publiques ; elle est précédée d'un péristyle supporté par quatre colonnes, et orné sur le mur de façade de sulptures en bas-relief représentant les attributs des sciences médicales. Deux portes établissent la communication avec l'intérieur. La salle des séances est spacieuse, demi-circulaire et parfaitement éclairée; la distribution en est simple, grave, digne d'un temple dédié à Hippocrate. Les axiomes les plus remarquables du Dieu de la Médecine sont gravés sur les murailles intérieures, avec des couronnes et d'autres ornemens allégoriques ; des piédestaux soutiennent les bustes d'Hippocrate, de Galien et des principaux médecins de l'antiquité. Le troisième corps de bâtiment fait face à la porte d'entrée ; il contient l'amphithéâtre, qui est vaste, et pourrait recevoir quatre cents élèves. La chaire du professeur est placée en face de nombreux gradins disposés en amphithéâtre. Au-dessus est situé la chambre de dissection, qui est petite et dont les fenêtres s'ouvrent sur la rue Tombeloly ; de telle sorte que les habitans des maisons opposées peuvent assister au spectacle dégoûtant des travaux anatomiques. Une pièce contiguë, et qui n'est qu'un vaste grenier, porte le titre pompeux de Musée d'anatomie ; il se compose de quelques pièces disséquées qui sont suspendues aux poutres par des ficelles.

On voit que si la salle des séances publiques et l'amphithéâtre sont disposés d'une manière convenable, cet établissement est défectueux dans ses autres parties ; il manque d'ailleurs d'une fontaine, si nécessaire pour le lavage et la préparation des pièces anatomiques.

Les leçons de l'École de Médecine commencent au mois de Novembre et finissent vers la fin de Juillet ; elles se divisent en deux séries : la première comprend les cours d'anatomie, de pathologie interne et externe, d'opérations et appareils de chimie et pharmacie ; la deuxième série, ceux d'accouchemens, de pathologie interne et externe, de physiologie, de botanique et d'histoire naturelle.

Cette École, qui devrait grouper autour d'elle les jeunes gens de nos contrées qui se disposent à pratiquer l'art médical, ne réunit qu'un très-petit nombre d'élèves ; encore la plupart se dirigent après quelques mois de séjour sur Paris ou sur Montpellier, où ils espèrent trouver des moyens d'instruction plus complets.

Le Pénitencier de Saint-Jean.

La réforme pénitenciaire est une question à l'ordre du jour, et des hommes éminens en Angleterre, en Belgique, en France, aux Etats-Unis, se préoccupent vivement des moyens d'améliorer l'état des prisons et la situation des détenus.

Il peut être utile de provoquer des mesures qui influeront sur la moralité des criminels, mais il serait plus sage de chercher les moyens de prévenir le crime. Certes, on dépense aujourd'hui plus de forces, plus d'intelligence et d'argent pour atténuer le mal accompli, qu'il n'en faudrait pour l'empêcher de se produire. On a proposé dans ces derniers temps et l'on a mis en pratique un grand nombre de systèmes ; mais il est assez curieux de remarquer que la réforme pénitenciaire, conçue sur les bases généralement adoptées aujourd'hui, avait été indiquée, dès le dix-septième siècle, par un père bénédictin nommé Mabillon. Toutefois, ce religieux avait compris que cette réforme paraîtrait d'une exécution difficile aux hommes de son temps, et il ajoutait après l'exposition de son système : « Je ne doute pas que tout ceci ne passe pour » une idée de nouveau monde ; mais quoiqu'on en dise, » il sera facile, lorsqu'on voudra, de rendre les prisons » et plus supportables et plus utiles. » Ce qu'il avait proposé s'est réalisé depuis dans plusieurs prisons de l'Europe et surtout dans celles de l'Amérique du Nord.

Deux systèmes principaux sont en vigueur aujourd'hui dans les nouveaux Pénitenciers, le système cellulaire et le système silencieux. L'un, qui consiste dans l'emprisonnement solitaire de nuit, dans le travail en silence et en commun, s'appelle aussi système d'Auburn ou de New-York, quoiqu'il ait été appliqué d'abord dans la maison de Gand ; l'autre, qui consiste dans l'emprisonnement et le travail solitaires, avec isolement complet de nuit et de jour, est connu aussi sous le nom de système de Philadelphie. L'un et l'autre sont vantés par les publicistes qui ont écrit sur cette matière ; l'expérience fera voir lequel doit être préféré. Il paraît, du reste, que le système d'Auburn coûte moins cher à établir et présente de plus grands avantages pécuniaires ; mais que le système de Philadelphie offre des résultats moraux plus satisfaisans.

De toutes les classes de prisonniers, celle qui mérite le plus d'intérêt et qu'il est le plus urgent d'arracher à la corruption, c'est bien certainement celle des jeunes condamnés. Dans le mois d'Août de 1831, plusieurs philanthropes fondèrent à Paris une maison exclusivement destinée à recevoir les jeunes délinquans. Bientôt après, Lyon posséda une maison du même genre ; et dans l'année 1837 une maison semblable fut fondée à Bordeaux par les soins de l'abbé Dupuch, aujourd'hui évêque d'Alger. Notre Pénitencier a été mis sous la protection de St.-Jean, dont il porte le nom. Le système qu'on y a adopté est celui d'Auburn. Les enfans s'y livrent au travail en commun, mais ils sont astreints au silence le plus rigoureux ; ils sont enfermés la nuit dans des cellules séparées ; ils apprennent à lire et à écrire, et on leur enseigne différens métiers qu'ils choisissent suivant leur goût et leurs aptitudes.

Le Pénitencier de St.-Jean renferme ordinairement 40 à 50 détenus, il est situé rue Lalande, dans le quartier de Ste.-Eulalie.

ARCHIVES DU DÉPARTEMENT.

Le local où sont aujourd'hui déposées les Archives est un ancien couvent des Carmes, qui, pendant quelque temps avait servi de caserne. Il renferme quatorze ou quinze salles remplies d'une immense quantité de papiers qu'on n'a pas encore mis en ordre ; ces papiers y furent déposés en 1818. Nous croyons utile d'indiquer ici les principales collections qu'on trouve dans cet établissement.

Archives de l'ancienne Intendance, de l'ancienne administration centrale et de la Préfecture ; les anciennes minutes des garde-notes et notaires, et les archives des Églises et communautés religieuses, celles de l'Archevêché, de Saint-Seurin, de Saint-Michel, de Saint-Eulalie, de Saint-Projet, de Sainte-Colombe, du Séminaire-Saint-Raphaël, du prieuré de Comparian, de la chapelle de Saint-Martin du mont Judaïque, de l'ancienne abbaye de Sainte-Croix, des Chartreux, des Carmes, des Jacobins, des Feuillans, des Irlandais, de l'Annonciade, des Augustins, des Pères prêcheurs, des Minimes, de la Commenderie du Temple, de l'hermitage de Lormont, de l'abbaye de la Sauve, etc.

On n'a point encore scruté d'une manière convenable ces différentes collections, parce qu'on a pensé que les Archives les plus importantes de la Guienne avaient été emportées par les Anglais, lorsqu'ils furent expulsés de France. Néanmoins il n'est pas douteux que des recherches habilement dirigées n'amenassent des découvertes précieuses pour l'histoire générale et surtout pour l'histoire particulière de notre province.

TABLE.

	PAGE.
Pont de Bordeaux..	1.
Porte de Bourgogne, de la Monnaie et des Capucins...	6.
Le Grand-Séminaire......................................	10.
L'Église et le Clocher S.ᵗ-Michel.................	11.
L'Abattoir...	14.
Hospice des Enfans-Trouvés........................	17.
Petit Séminaire..	19.
Sainte-Croix..	20.
Hôpital des Incurables................................	22.
Porte d'Aquitaine..	23.
Ancienne église des Augustins....................	24.
Temple des Israélites...................................	26.
Eglise S.ᵗᵉ-Eulalie..	28.
Caserne S.ᵗ-Raphaël....................................	30.
Hôpital S.ᵗ-André..	34.
Le Collége Royal...	36.
Allées d'Albret..	39.
Manufacture des Tabacs..............................	41.
Caserne de la Gendarmerie.........................	43.
Caserne Notre-Dame...................................	44.
Temple des Protestans (rue du Hà)............	45.
Bains Ségur...	47.
Grand-Marché et Palais de Justice..............	49.
Église Saint-Paul...	51.
Place du Marché aux Veaux........................	52.
La Porte-Caillau...	55.
Caserne des Fossés.....................................	57.
Ecole Navale des Mousses et de Novices.— Gymnase Français......................................	60.
Eglise Saint-Pierre.......................................	64.
Mont-de-Piété...	65.
Tour de l'Horloge et Saint-Éloi...................	68.

TABLE.

	PAGE.
Église et place Saint-Projet	73.
Octroi	74.
Bazar Bordelais	76.
Douane, Bourse et place Royale	78.
Porte-Dijeaux	82.
Musée	83.
Château-Royal. — Hôtel-de-Ville	87.
Porte-Basse	89.
Clocher de Pey-Berland	90.
Église Saint-André	94.
Place Dauphine	99.
Maison rue des Bahutiers	101.
Eglise Saint-Remy	105.
Galerie Bordelaise	107.
L'Archevêché	109.
La Poste aux Lettres	111.
Allées de Tourny	112.
La Poste aux Chevaux	114.
Hôtel de la Préfecture	115.
Place de la Comédie.—Maison Gobineau.— Diligences et Messageries	116.
Banque de Bordeaux	118.
Grand-Théâtre	121.
Théâtre Français	125.
Église Notre-Dame	127.
Muséum. (Rue Saint-Dominique)	129.
Cirque Français	135.
Hôpital Militaire	137.
Gaz Hydrogène	138.
Fossés de l'Intendance	139.
Eglise Saint-Bruno	140.
Eglise Saint-Seurin	142.
Fossés du Chapeau-Rouge	144.

TABLE.

	PAGE.
Place de Tourny. — Hôtel de la Marine...	145.
Bains des Quinconces............................	147.
Bains Flottans. (Aux Chartrons)............	149.
Hôtel des Monnaies..............................	151.
Palais-Gallien.....................................	152.
Institution des Sourds-Muets................	154.
Dépôt de Mendicité..............................	156.
Cimetière..	160.
Les Quinconces. — Colonnes Rostrales....	161.
Entrepôt Réel.....................................	162.
Temple des Protestans, aux Chartrons.....	164.
Église Saint-Louis...............................	166.
Ancien Moulin des Chartrons. — Fabrique de porcelaine...........................	167.
Manège Royal.....................................	169.
Jardin-Public......................................	170.
Hôtel des Contributions indirectes.........	172.
Église Saint-Martial.............................	173.
Magasins des Vivres de la Marine...........	175.
Verreries..	177.
Marché des Chartrons...........................	178.
École Normale....................................	180.
Marché des Grands-Hommes..................	182.
Caserne Municipale..............................	183.
Fort du Hà...	185.
Église Saint-Nicolas-de-Graves...............	187.
Bains Saint-Nicolas..............................	189.
Chantier du Roi...................................	191.
Chantiers de Construction.....................	192.
Bains Flottans. (Près le Pont)................	194.
École secondaire de Médecine................	195.
Le Pénitencier de Saint-Jean..................	197.
Archives du Département......................	199.

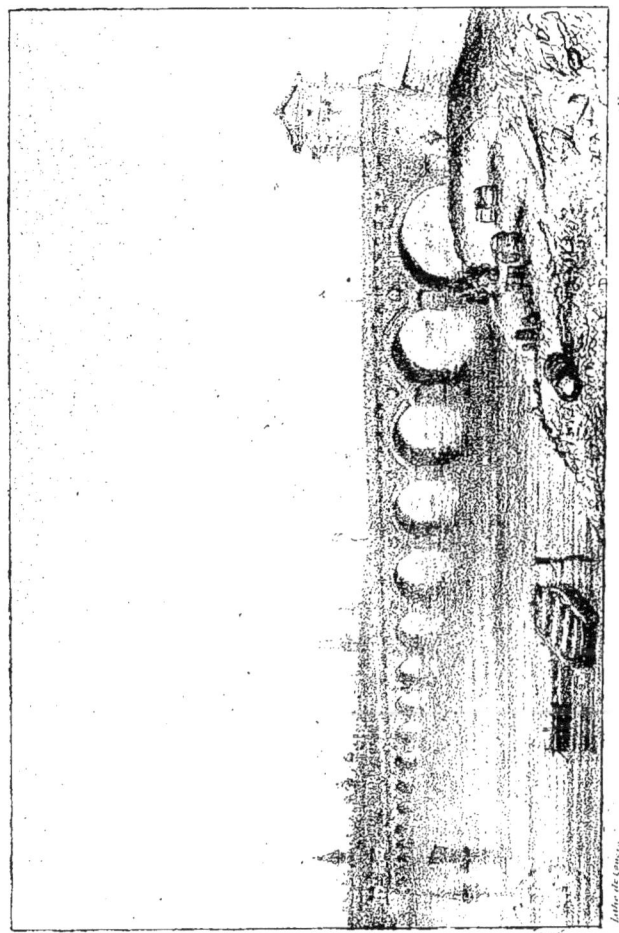

PONT DE BORDEAUX.

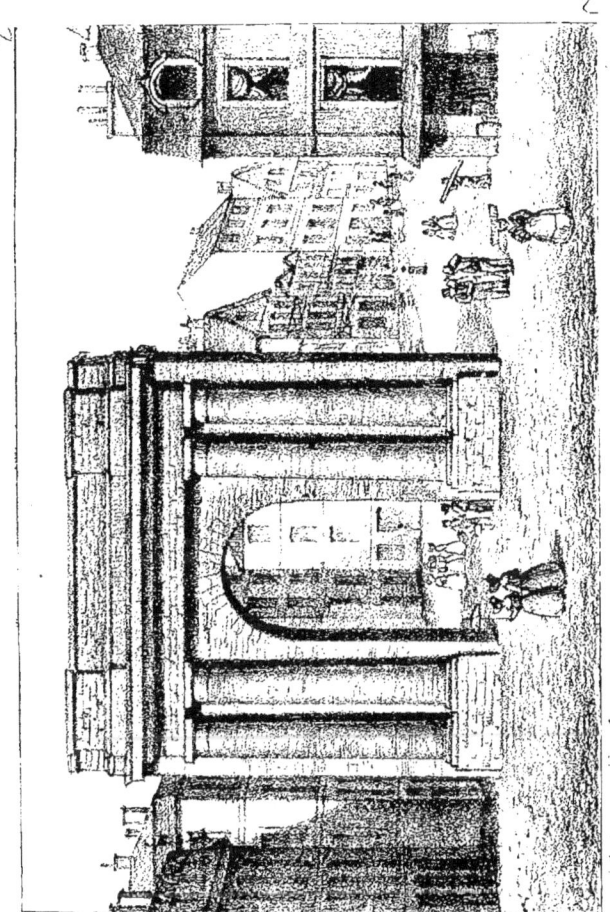

PORTE BOURGOGNE.
(En face le Pont.)

PORTE DE LA MONNAIE.
(Quai de la Monnaie.)

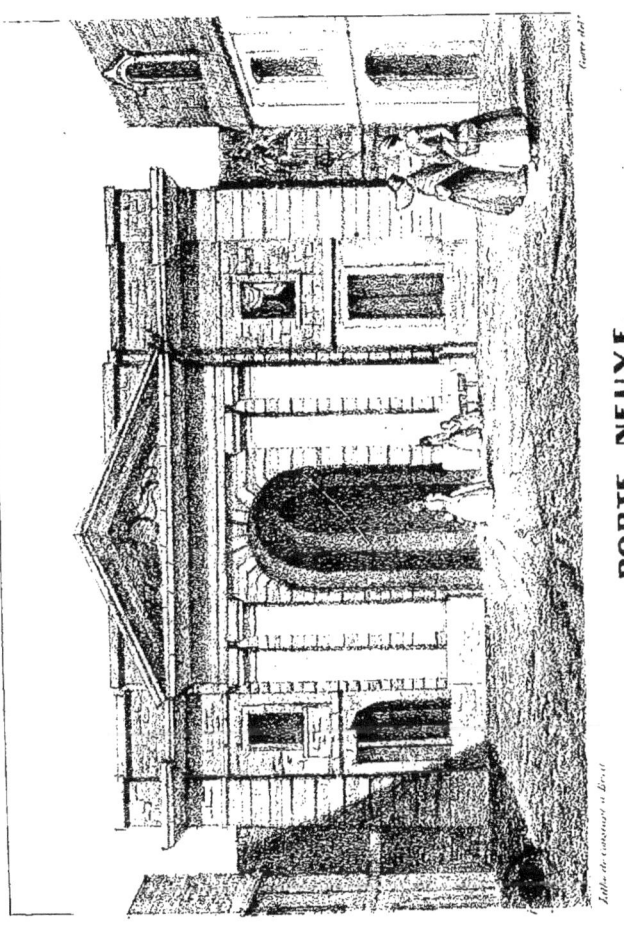

PORTE NEUVE.
(Avenue de Toulouse)

GRAND SÉMINAIRE.
(Près la Porte neuve)

EGLISE St MICHEL & TÉLÉGRAPHE. (Près du Pont)

GRAND ABATTOIR.
(Sur le terrain de l'ancien Fort-Louis)

HOSPICE DES ENFANS TROUVÉS.
(Quai de Paludatte)

PETIT SÉMINAIRE.
(5ᵉ rue S' Jean.)

ÉGLISE Sᵗᵉ CROIX.
(Pico Labailleur)

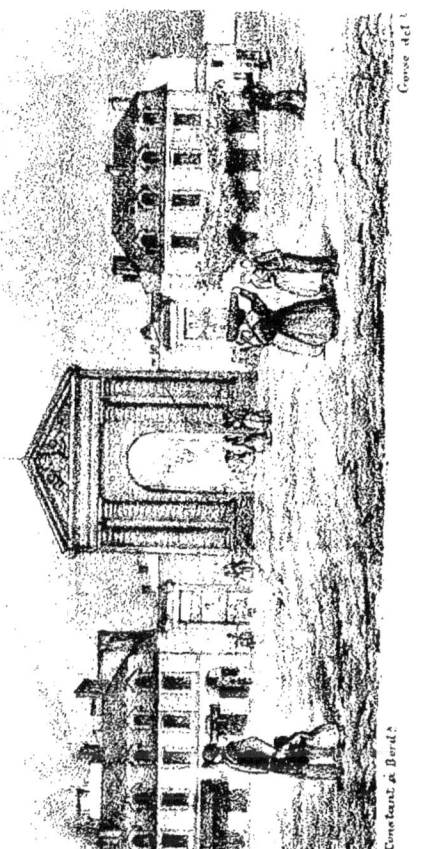

PORTE St JULIEN.
(Avenue de Toulouse).

Litho de Constant à Bord.   Willy, del.

RUINES ET TOUR DES AUGUSTINS.
(Rue des Augustins.)

TEMPLE ISRAELITE.
(Rue Causse-Rouge.)

EGLISE Sᵗᵉ EULALIE.
(Rue Berry.)

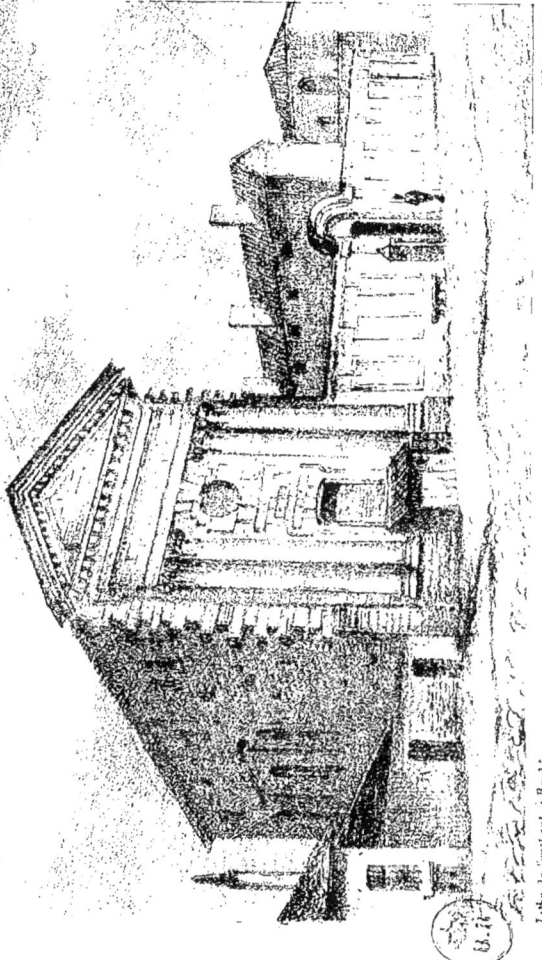

CASERNE St RAPHAEL.
(Rue Berry.)

HÔPITAL St ANDRÉ.
(Sur la place d'Armes.)

SAINT ANDRÉ

COLLÈGE ROYAL.
(Sur les Fossés des tanneurs)

COURS D'ALBRET.
(Vue prise de la rue St Martin)

MANUFACTURE ROYALE DES TABACS.
(à Belleville.)

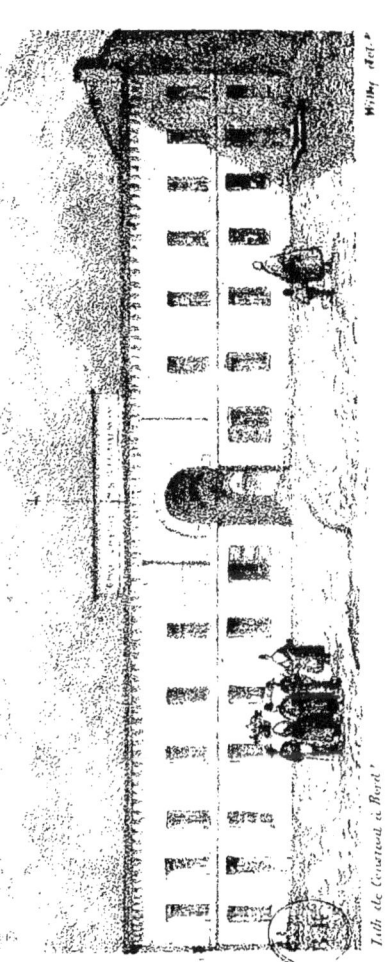

GENDARMERIE ROYALE.
(Rue des Minimes.)

CASERNE NOTRE-DAME.
(Rue Ségur.)

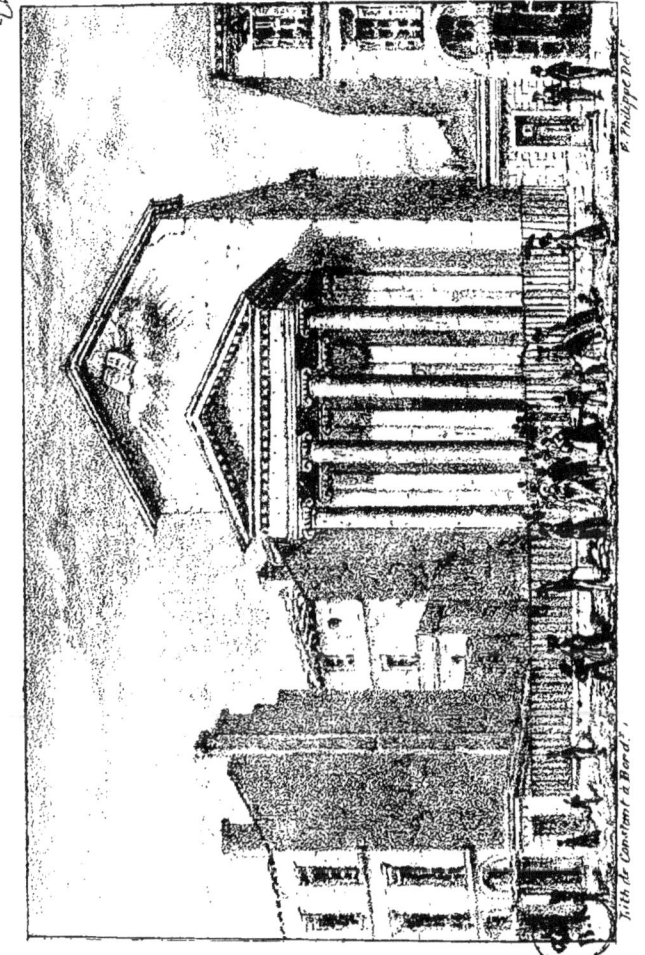

TEMPLE DES PROTESTANS,
Rue Notre Dame.

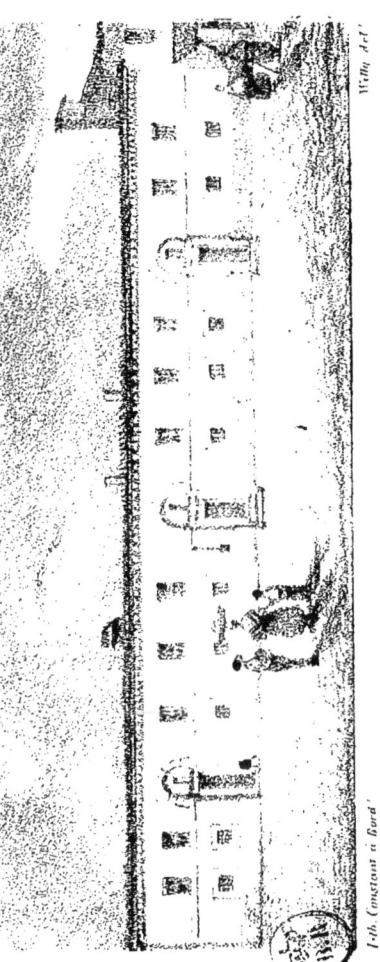

BAINS MINÉRAUX.
(Rue Ségur.)

VUE DU GRAND MARCHÉ
et Palais des tribunaux civils.

ÉGLISE St PAUL.
(Rue des Ayres)

PLACE DU MARCHÉ AUX VEAUX.

PORTE DU PALAIS *(dite du Caillou)*
(Sur le Quai Bourgogne)

30

ÉCOLE NAVALE DES MOUSSES *(Intérieur)*
(Rue St Siméon au Gymnase)

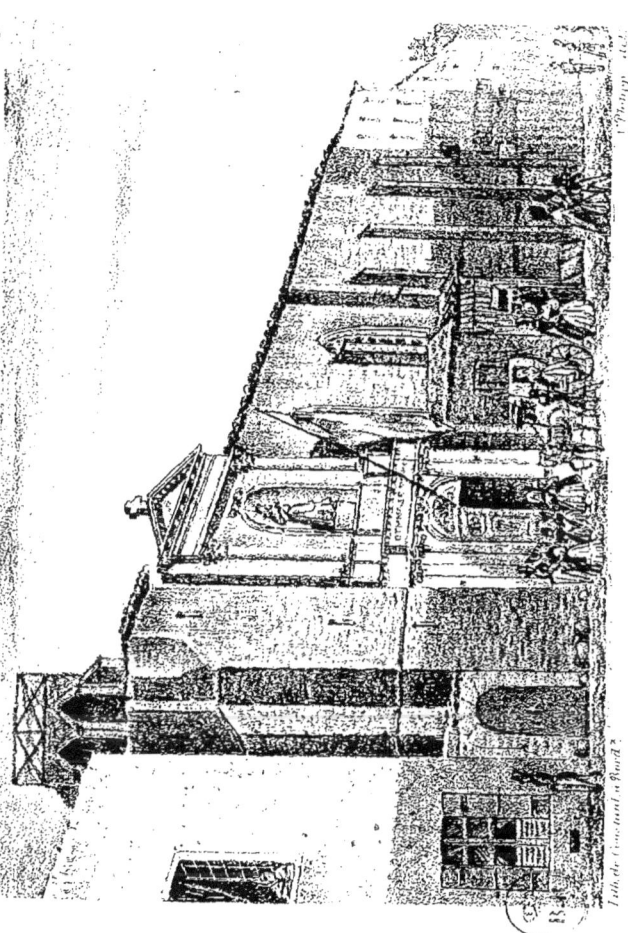

GYMNASE FRANÇAIS (Extérieur)
(Rue St Simon)

ÉGLISE St PIERRE.
(Près de la Douane)

MONT-DE-PIÉTÉ
(Rue du Mireuil)

TOUR DE LA GROSSE CLOCHE
(Sur les Fossés de Ville.)

ÉGLISE ET PLACE S.t PROJET

HÔTEL DE L'OCTROI.
(Rue des Trois Conils)

BAZARD BORDELAIS,
Rue S.te Catherine.

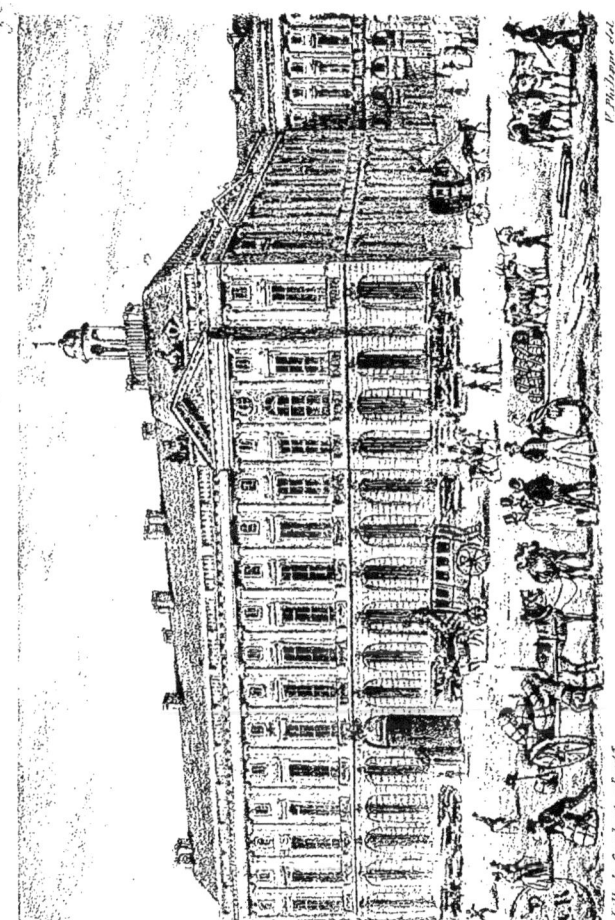

HÔTEL DES DOUANES.

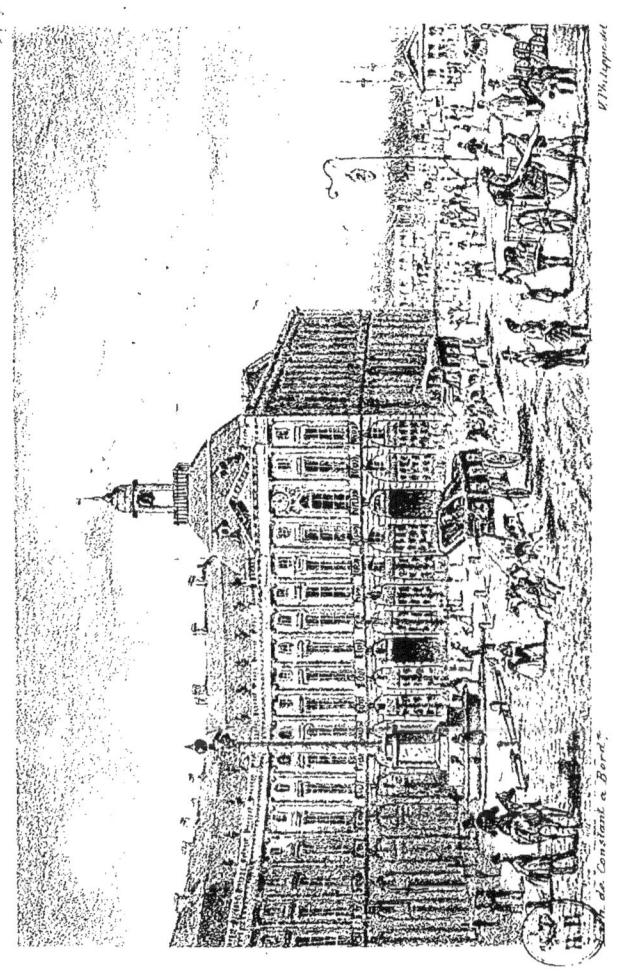

VUE DE LA BOURSE (Extérieur)

VUE DE LA BOURSE *(Intérieur)*

PORTE DIJEAUX

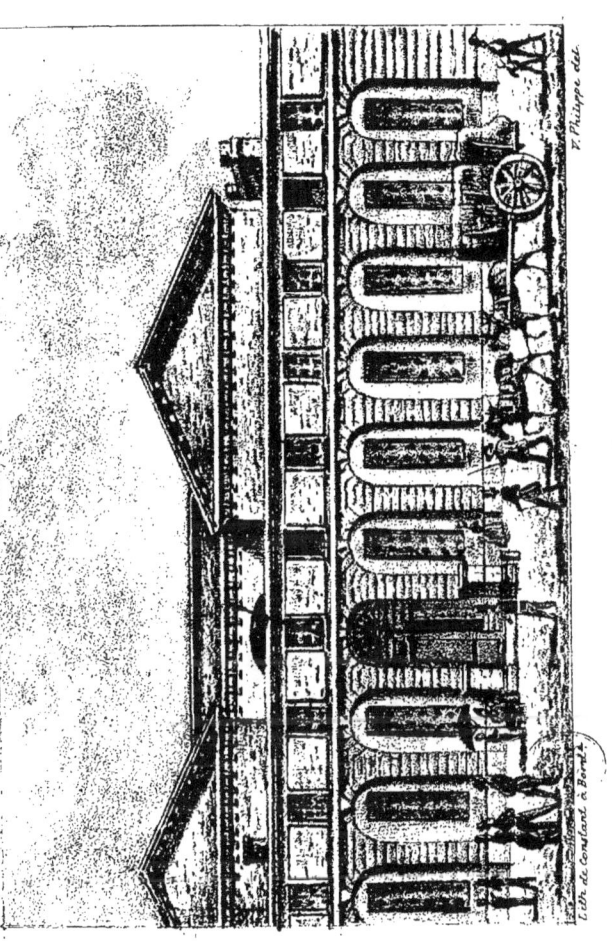

MUSÉE

ENTRÉE DE LA MAIRIE

MAIRIE

ANCIEN HÔTEL DE VILLE.
(Fossés de ville.)

PORTE BASSE

TOUR DU PEY-BERLAN

SAINT ANDRÉ
(Cathédrale.)

PLACE DAUPHINE.

MAISON,
Rue des Bahutiers.

ÉGLISE St REMY.

GALERIE (*Extérieur*)

GALERIE *(Intérieur)*

ARCHEVÊCHÉ.

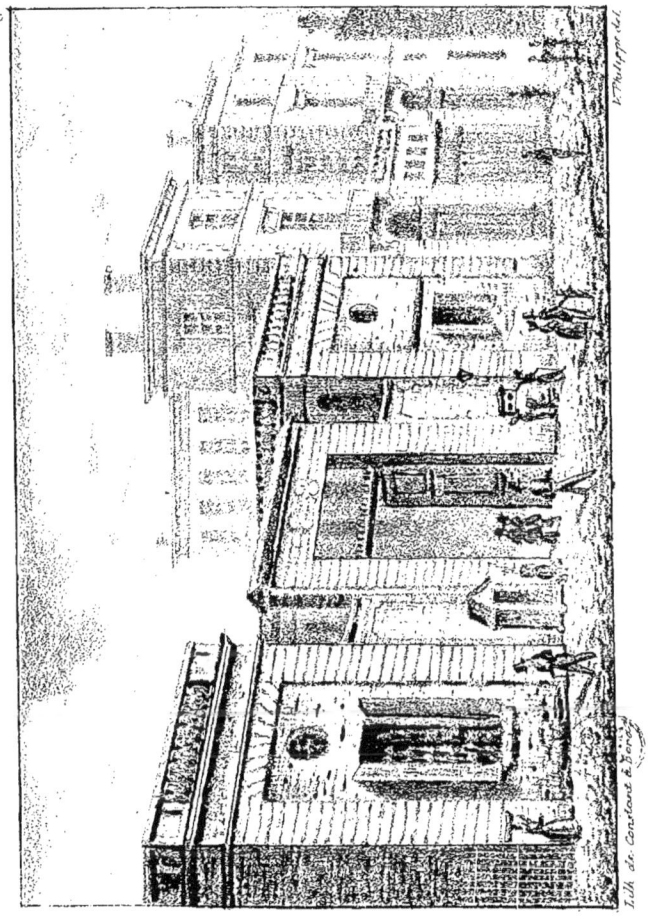

POSTE AUX LETTRES

STATUE DE TOURNY.
(Vue de la place et allées de Tourny)

POSTE AUX CHEVAUX
(Maison Boissac, allées d'Orléans.)

PRÉFECTURE

MAISON COBINEAU.
(Messageries Royales)

HÔTEL DE LA BANQUE
(Rue Esprit des Lois.)

GRAND THÉATRE
(Place de la Comédie.)

THÉÂTRE DES VARIÉTÉS.
(Rue Montesquieu.)

ÉGLISE NOTRE-DAME
(Place du Chapelier)

MUSÉE St DOMINIQUE.
(Et Souvenir.)

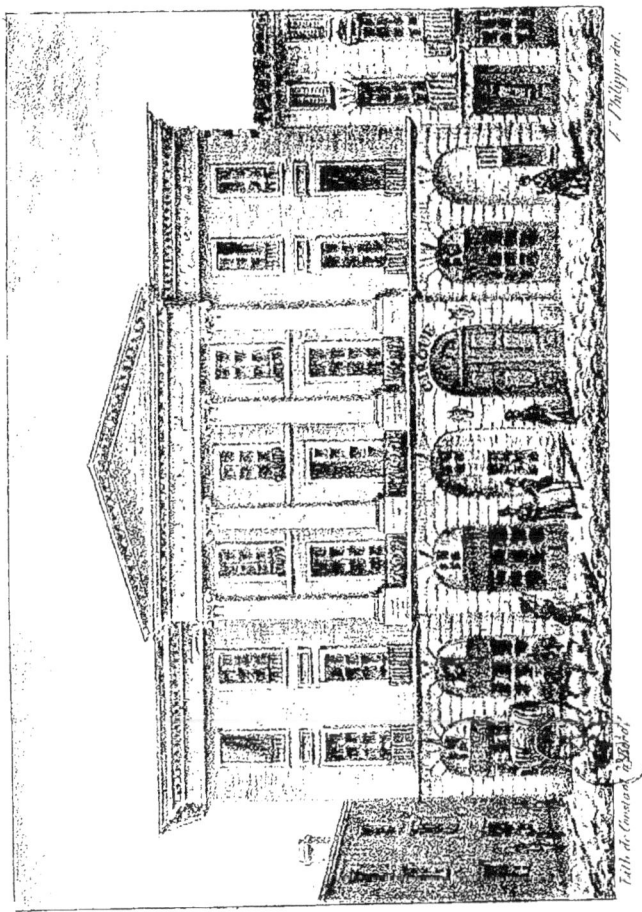

CIRQUE FRANÇAIS.
(Rue Jusienne St Sauveur.)

HOPITAL MILITAIRE.

FOSSÉS DE L'INTENDANCE.
(Ou sont les Hôtels Richelieu et de Rouen.)

ÉGLISE St BRUNO.

ÉGLISE St SEURIN.

FOSSÉS DU CHAPEAU ROUGE.
(Ou est l'Hôtel de la Paix.)

PLACE DE TOURNY HOTEL DE LA MARINE.

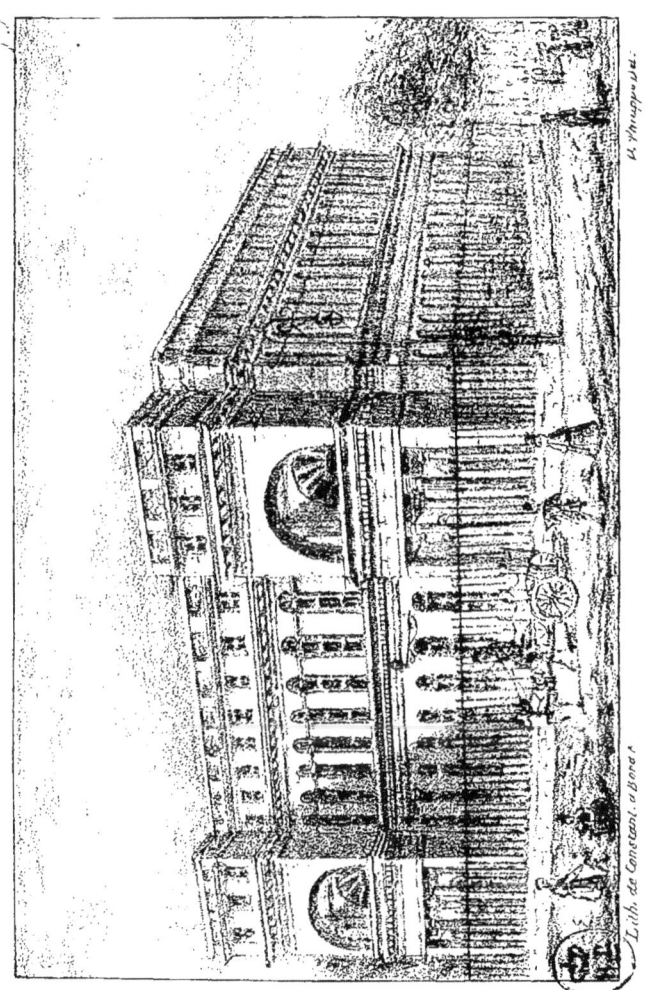

BAINS DES QUINCONCES.

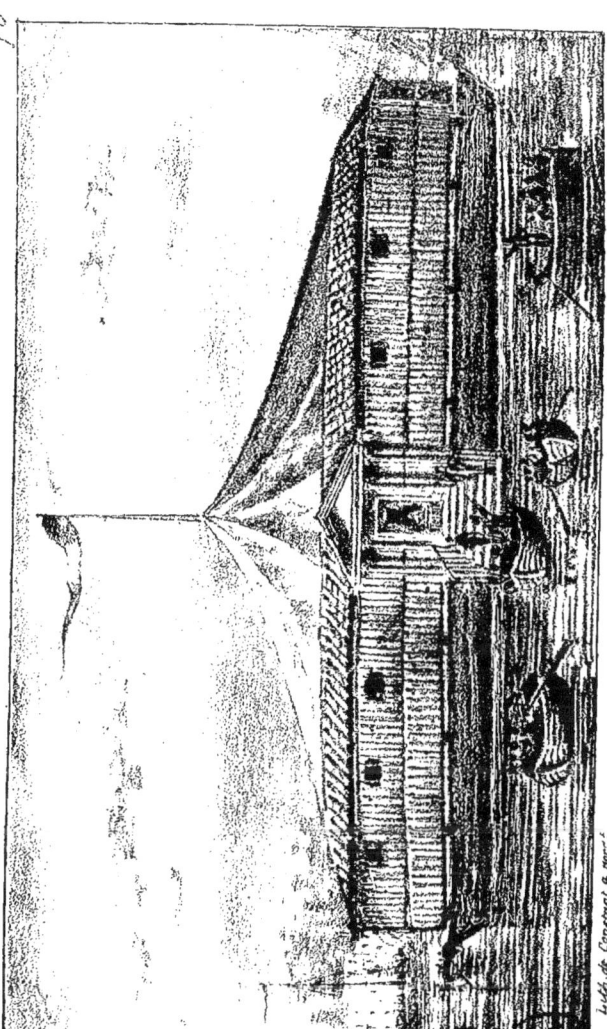

BAINS FLOTTANS
Au Chapeau rouge.

HOTEL DES MONNAIES
Rue du Palais Galien.

RUINES DU PALAIS GALIEN.

ETAB.t DES SOURDS MUETS
Rue des Religieuses.

DÉPÔT DE MENDICITÉ
à terre Vegne.

TOMBEAUX.
du Général Moreau. | et du Colonel Déchamps.

LES QUINCONCES.
Vue prise sur la Rivière.

ENTREPÔT RÉEL.
Pavé des Chartrons.

EGLISE St LOUIS.
Rue Notre Dame.

MOULIN DES CHARTRONS.
Manufacture de Poterie.

MANÈGE ROYAL.

JARDIN PUBLIC.

HOTEL DES CONTRIBUTIONS DIRECTES.

EGLISE S' MARTIAL.

MAGASIN DES VIVRES.

VERRERIE
aux Chastrous.

MARCHÉ DES CHARTRONS.

ÉCOLE NORMALE.

MARCHÉ DES RECOLETS.

CASERNE MUNICIPALE
(Rue des Trois Conils)

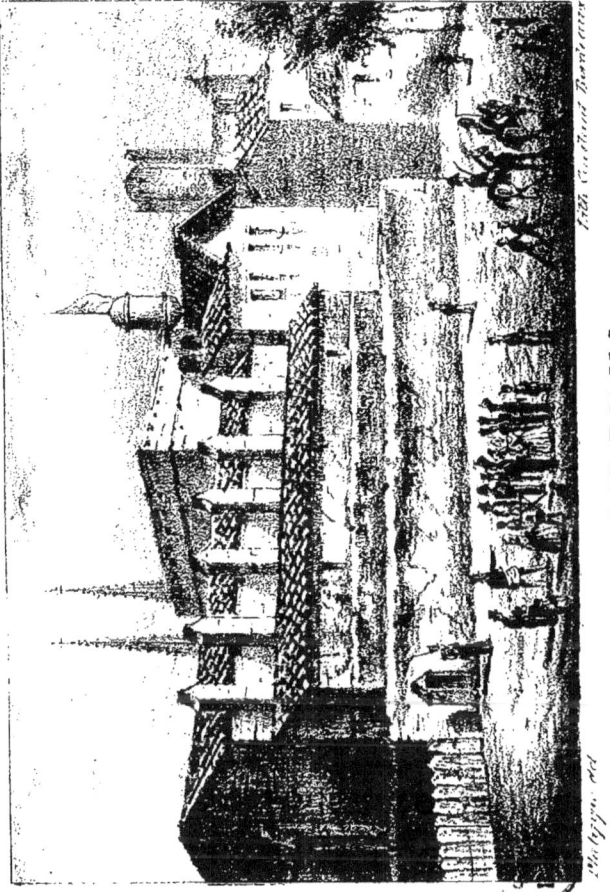

FORT DU HA
(Place d'Armes)

ÉGLISE St NICOLAS
(Rue Désirade)

BAINS St NICOLAS
(*Rue Désirade*)

CHANTIER DE CONSTRUCTION
(en Baludate)

CHANTIER DE CONSTRUCTION DE NAVIRES.
De Mrs. Chaigneau.

BAINS DE NATATION
(Pier du Port)

ECOLE S.te DE MÉDECINE.
(Rue Lalande.)

PENITENCIER St JEAN
(Rue Lalande)

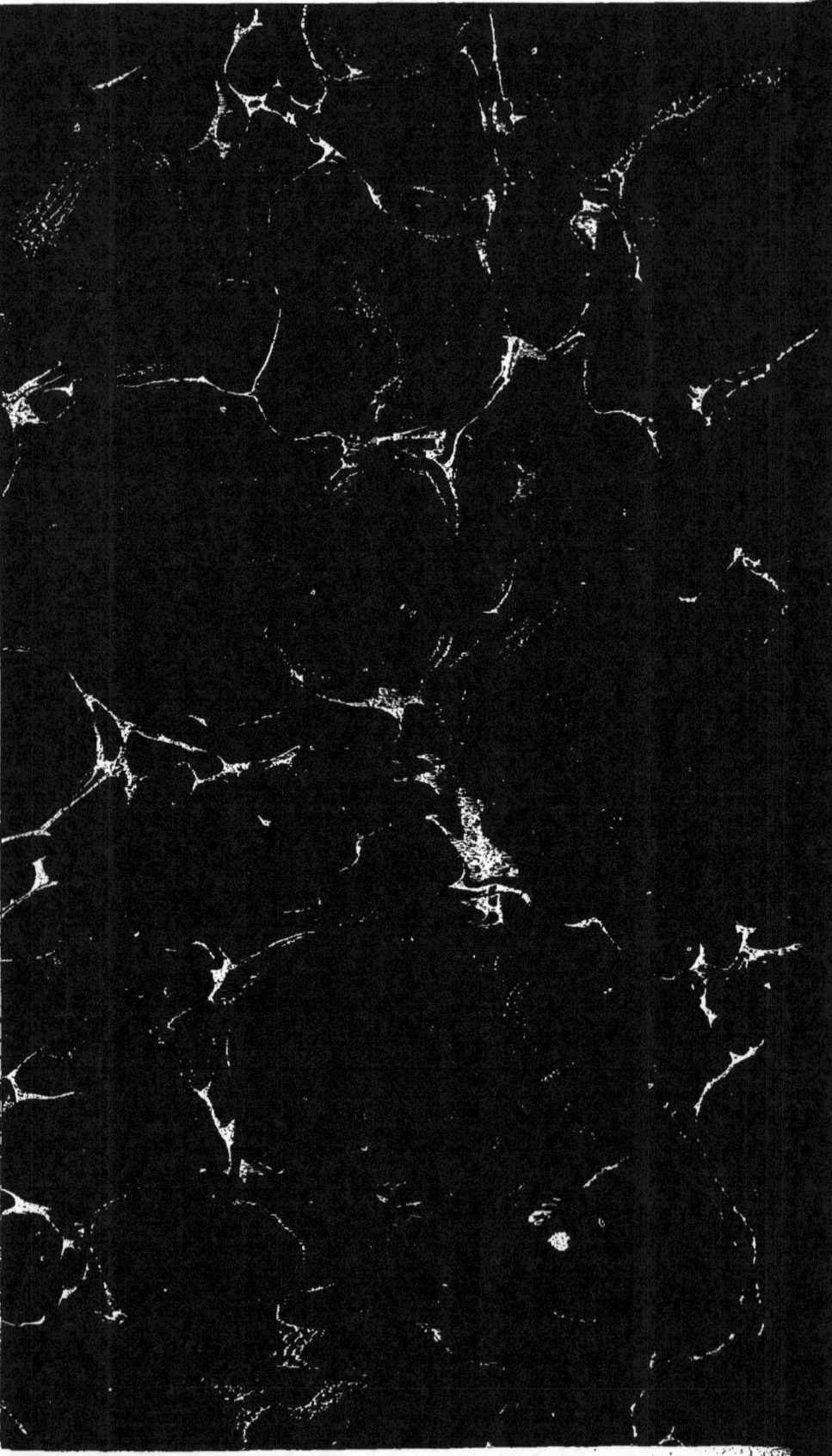

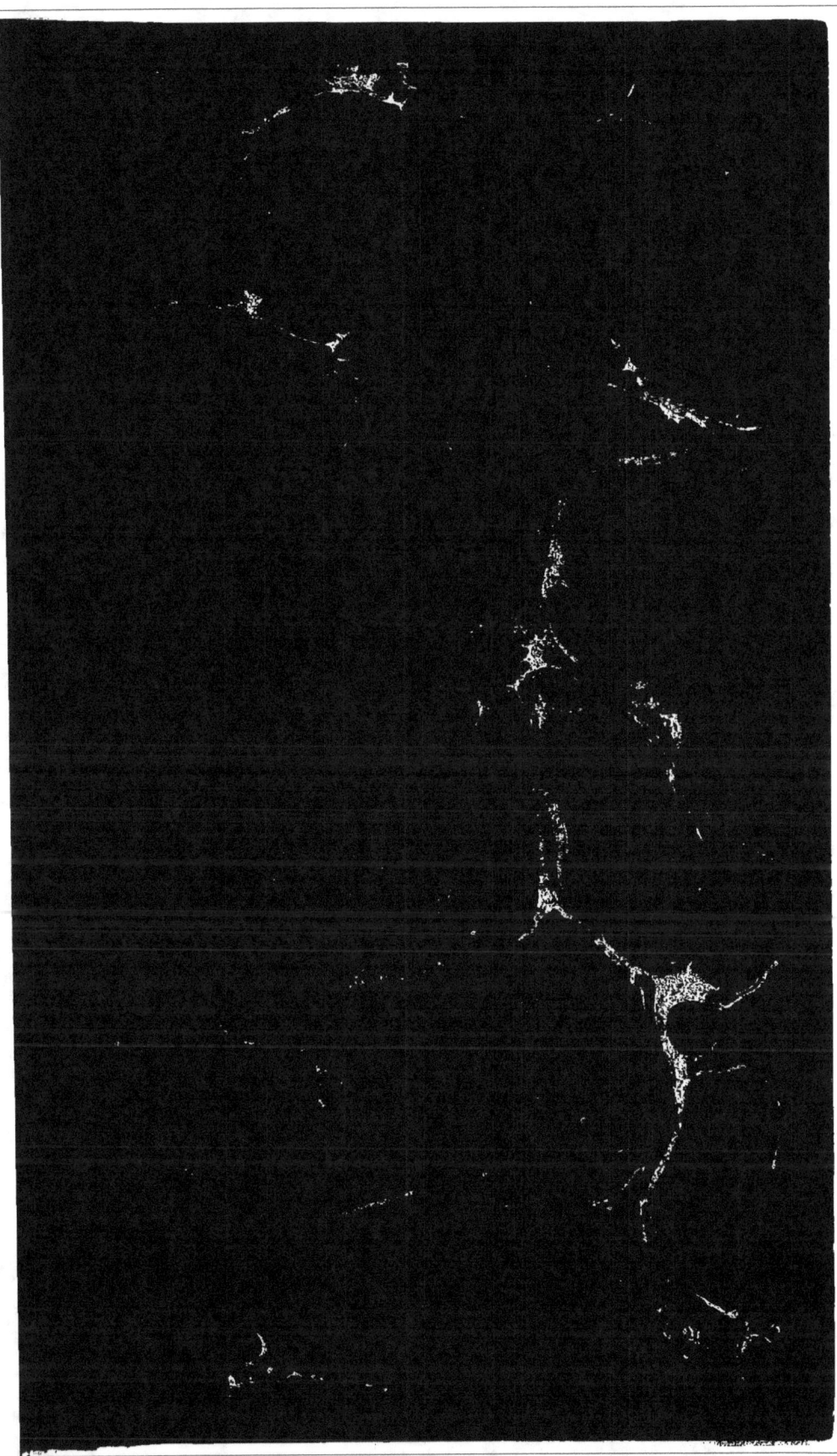

www.ingramcontent.com/pod-product-compliance
Lightning Source LLC
Chambersburg PA
CBHW070618230426
43670CB00010B/1566